Ivan Kouchnir

Économie de l'Amérique centrale

Série "Economie dans les pays"

première publication: 2020
dernière mise à jour: 2021-01-21

Ivan Kouchnir. Économie de l'Amérique centrale. Série "Economie dans les pays". - 2020. - 72 pages.

Ce livre sur l'économie de l'Amérique centrale des années 1970 aux années 2010. Données source provenant de UN Data.

Taille. Dans les années 2010, le produit intérieur brut de l'Amérique centrale s'élevait à 1,4 billions de dollars par an; la valeur de l'agriculture était de 54,7 milliards de dollars; la valeur de l'industrie était de 322,2 milliards de dollars.

Productivité. Dans les années 2010, le PIB par habitant était de 8 408,4 dollars; l'agriculture par habitant était de 325,9 dollars; l'industrie par habitant était de 1 921,1 dollars. Étant donné que la productivité est comprise entre la moyenne inférieure à la moyenne et la moyenne, l'économie est classée comme en développement.

Croissance. Dans les années 2010, la croissance du produit intérieur brut était de 2,9%; la croissance de l'agriculture était de 2,4%; la croissance de l'industrie était de 1,7%.

Structure. Dans les années 2010, l'économie de l'Amérique centrale était composée des secteurs suivants: services (26,1%), industrie (25,9%), commerce (24,3%), agriculture (9,9%), construction (8,0%), transport (5,8%).

Exportation et importation. Dans les années 2010, les importations étaient supérieures de 7,4% aux exportations, les importations nettes représentant 2,6% du PIB.

Consommation et reproduction. L'attitude de la reproduction vis-à-vis de la consommation n'est pas meilleure que la moyenne mondiale; ainsi la part du PIB dans le monde n'augmentera donc pas.

Série "Economie dans les pays": parallel.page.link/fr

© Ivan Kouchnir, 2020

Tous les droits sont réservés.

ISBN: 9798613044115

Contenu

Partie I. Taille	4
Chapitre I. Produit intérieur brut	5
Chapitre II. Valeur ajoutée	9
Chapitre III. Revenu national brut	13
Partie II. Structure	17
Chapitre IV. Agriculture	18
Chapitre V. Industrie	22
Chapitre 5.1. Fabrication	26
Chapitre VI. Construction	31
Chapitre VII. Transport	35
Chapitre VIII. Commerce	39
Chapitre IX. Services	43
Partie III. Relations extérieures	47
Chapitre X. Exportations	48
Chapitre XI. Importations	52
Partie IV. Consommation	56
Chapitre XII. Dépenses publiques	57
Chapitre XIII. Dépenses ménagères	61
Chapitre XIV. Consommation de nourriture	65
Partie V. Reproduction	68
Chapitre XV. Formation de capital fixe	69

Partie I. Taille

	Les années 2010
PIB	1,4 billions de dollars
Partager dans le monde	1,9%
Partager dans les Amériques	5,5%

Chapitre I. Produit intérieur brut

Le produit intérieur brut de l'Amérique centrale est passé de 107,0 milliards de dollars par an dans les années 1970 à 1,4 billions de dollars par an dans les années 2010, c'est-à-dire 1,3 billions de dollars ou de 13,2 fois. La variation a été de 1,1 billions de dollars en raison de l'augmentation de 4,0 fois des prix, et de 122,6 milliards de dollars en raison de la croissance de productivité de 1,5 fois, et de 120,0 milliards de dollars en raison de la croissance démographique. La croissance annuelle moyenne du PIB était de 3,2%. La valeur minimale était de 51,6 milliards de dollars en 1970. La valeur maximale était de 1,5 billions de dollars en 2014.

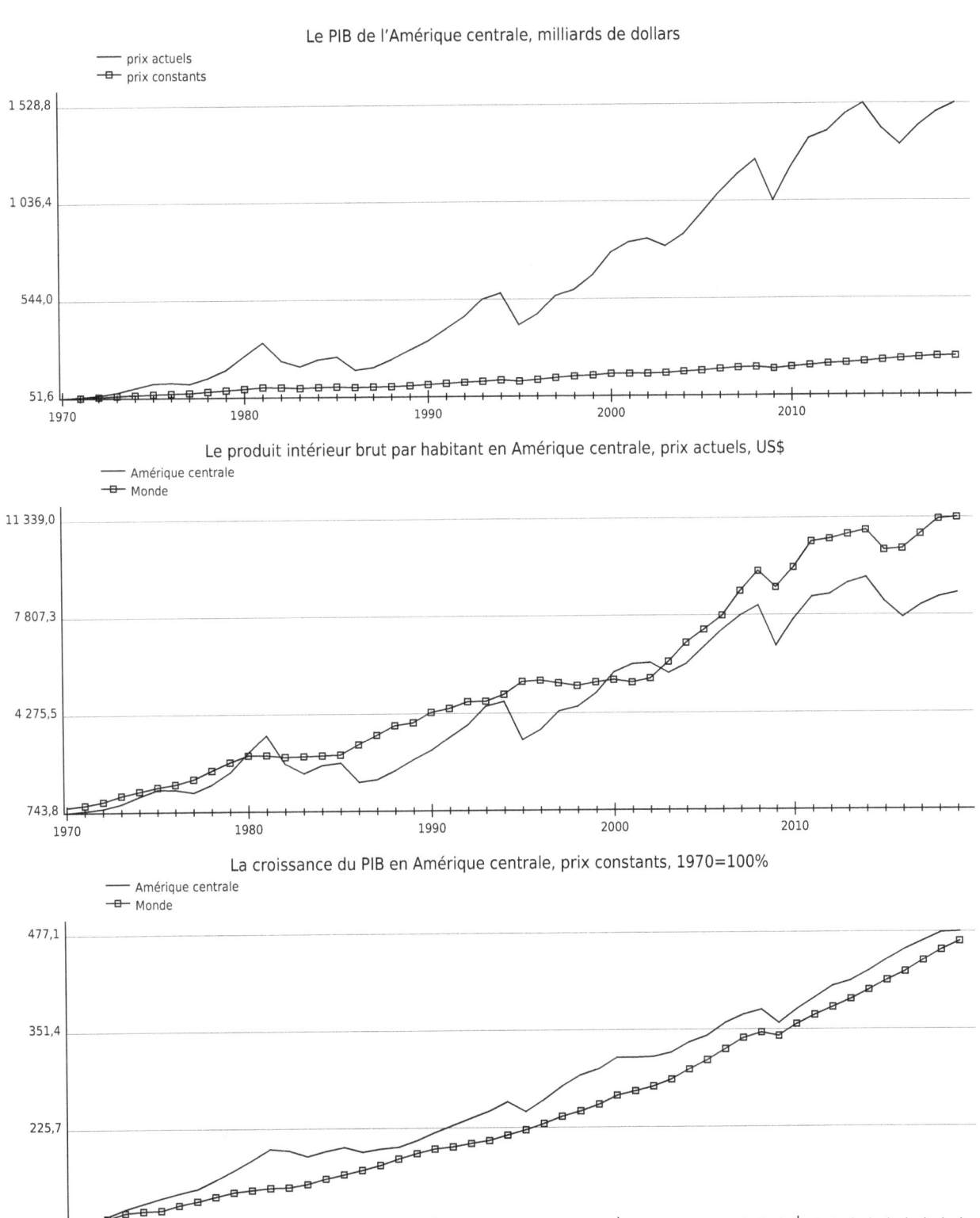

Les années 1970

Le produit intérieur brut de l'Amérique centrale était de 107,0 milliards de dollars par an dans les années 1970 à égalité avec l'Espagne (106,4 milliards de dollars). La part dans le monde était de 1,6% et de 4,7% dans les Amériques.

Le produit intérieur brut de l'Amérique centrale était constitué des dépenses ménagères (70,6%), de la formation de capital (24,9%) et des dépenses publiques (8,5%).

Le produit intérieur brut par habitant en Amérique centrale était de 1353.3 dollars dans les années 1970, à égalité avec le Liban (1 346,6 de dollars), le Chili (1 360,6 de dollars), la Bulgarie (1 321,9 de dollars). Le PIB par habitant en Amérique centrale était 16,5% inférieur le produit intérieur brut par habitant au Monde (1 620,8 US$), et 3,0 fois inférieur le produit intérieur brut par habitant dans les Amériques (4 044,6 US$).

La croissance du PIB en Amérique centrale était de 6.2% dans les années 1970, à égalité avec le Costa Rica (6,2%), la Yougoslavie (6,2%), Sainte-Lucie (6,3%). La croissance du produit intérieur brut en Amérique centrale (6,2%) a été supérieure à celle du monde (4,1%), et supérieure à celle des Amériques (4,1%).

Comparaison avec les sous-régions. Le produit intérieur brut de l'Amérique centrale était supérieur à celui des Caraïbes (33,4 milliards de dollars); mais inférieur à celui de l'Amérique septentrionale (1,9 billions de dollars) et de l'Amérique du Sud (246,0 milliards de dollars). Le PIB par habitant en Amérique centrale était supérieur à celui des Caraïbes (1 258,7 de dollars) et de l'Amérique du Sud (1 154,7 de dollars); mais inférieur à celui de l'Amérique septentrionale (7 785,9 de dollars). La croissance du PIB en Amérique centrale était supérieure à celle de l'Amérique du Sud (5,8%), des Caraïbes (4,6%) et de l'Amérique septentrionale (3,6%).

Les leaders. Le produit intérieur brut de l'Amérique centrale dans les années 1970 comprenait: Mexique (88,4%), Guatemala (3,1%), Costa Rica (2,6%), Nicaragua (2,0%), Panama (1,9%), autres (2,1%). Le PIB par habitant en Amérique centrale parmi les leaders: Mexique (1 608,5 US$), Costa Rica (1 316,9 US$), Panama (1 176,1 US$), Nicaragua (764,6 US$), Guatemala (527,2 US$). La croissance du produit intérieur brut en Amérique centrale parmi les leaders: Mexique (6,4%), Costa Rica (6,2%), Guatemala (5,9%), Panama (4,5%), Nicaragua (-0,014%).

Les années 1980

Le produit intérieur brut de l'Amérique centrale était de 244,6 milliards de dollars par an dans les années 1980 à égalité avec l'Australasie (247,8 milliards de dollars), l'Inde (241,0 milliards de dollars). La part dans le monde était de 1,6% et de 4,5% dans les Amériques.

Le PIB de l'Amérique centrale était constitué des dépenses ménagères (65,2%), de la formation de capital (24,3%) et des dépenses publiques (8,9%).

Le PIB par habitant en Amérique centrale était de 2418.3 dollars dans les années 1980, à égalité avec l'Algérie (2 405,8 de dollars), l'Afrique australe (2 386,9 de dollars), les Caraïbes (2 381,6 de dollars). Le PIB par habitant en Amérique centrale était 22,6% inférieur le produit intérieur brut par habitant au Monde (3 123,4 US$), et 3,4 fois inférieur le PIB par habitant dans les Amériques (8 168,9 US$).

La croissance du produit intérieur brut en Amérique centrale était de 2% dans les années 1980, à égalité avec l'Autriche (2,0%), le Malawi (2,0%). La croissance du produit intérieur brut en Amérique centrale (2,0%) a été inférieure à celle du monde (3,0%), et inférieure à celle des Amériques (2,8%).

Comparaison avec les sous-régions. Le produit intérieur brut de l'Amérique centrale était supérieur à celui des Caraïbes (73,3 milliards de dollars); mais inférieur à celui de l'Amérique septentrionale (4,6 billions de dollars) et de l'Amérique du Sud (531,7 milliards de dollars). Le produit intérieur brut par habitant en Amérique centrale était supérieur à celui des Caraïbes (2 381,6 de dollars) et de l'Amérique du Sud (2 005,8 de dollars); mais inférieur à celui de l'Amérique septentrionale (17 191,7 de dollars). La croissance du PIB en Amérique centrale était supérieure à celle de l'Amérique du Sud (1,7%); mais inférieure à celle de l'Amérique septentrionale (3,1%) et des Caraïbes (3,0%).

Les leaders. Le produit intérieur brut de l'Amérique centrale dans les années 1980 comprenait: Mexique (88,5%), Guatemala (3,1%), Panama (2,2%), Costa Rica (2,1%), Honduras (1,8%), autres (2,4%). Le produit intérieur brut par habitant en Amérique centrale parmi les leaders: Mexique (2 881,3 US$), Panama (2 455,5 US$), Costa Rica (1 859,7 US$), Honduras (1 017,7 US$), Guatemala (933,0 US$). La croissance du PIB en Amérique centrale parmi les leaders: Panama (3,1%), Honduras (2,5%), Costa Rica (2,1%), Mexique (2,1%), Guatemala (0,94%).

Chapitre I. Produit intérieur brut

Les années 1990

Le produit intérieur brut de l'Amérique centrale était de 499,4 milliards de dollars par an dans les années 1990. La part dans le monde était de 1,7% et de 5,0% dans les Amériques.

Le produit intérieur brut de l'Amérique centrale était constitué des dépenses ménagères (69,8%), de la formation de capital (23,0%) et des dépenses publiques (8,9%).

Le produit intérieur brut par habitant en Amérique centrale était de 4047.6 dollars dans les années 1990, à égalité avec l'Est (4 048,5 de dollars), la Turquie (4 031,0 de dollars), l'Asie de l'Ouest (4 003,0 de dollars). Le PIB par habitant en Amérique centrale était 19,4% inférieur le PIB par habitant au Monde (5 020,1 US$), et 3,2 fois inférieur le produit intérieur brut par habitant dans les Amériques (12 984,7 US$).

La croissance du produit intérieur brut en Amérique centrale était de 3.7% dans les années 1990, à égalité avec la Grenade (3,7%). La croissance du PIB en Amérique centrale (3,7%) a été supérieure à celle du monde (2,8%), et supérieure à celle des Amériques (3,1%).

Comparaison avec les sous-régions. Le produit intérieur brut de l'Amérique centrale était supérieur à celui des Caraïbes (115,9 milliards de dollars); mais inférieur à celui de l'Amérique septentrionale (8,2 billions de dollars) et de l'Amérique du Sud (1,2 billions de dollars). Le PIB par habitant en Amérique centrale était supérieur à celui de l'Amérique du Sud (3 765,2 de dollars) et des Caraïbes (3 311,6 de dollars); mais inférieur à celui de l'Amérique septentrionale (27 927,0 de dollars). La croissance du produit intérieur brut en Amérique centrale était supérieure à celle de l'Amérique septentrionale (3,1%), de l'Amérique du Sud (2,5%) et des Caraïbes (2,3%).

Les leaders. Le PIB de l'Amérique centrale dans les années 1990 comprenait: Mexique (90,1%), Guatemala (2,4%), Costa Rica (2,1%), Panama (1,8%), Salvador (1,6%), autres (1,9%). Le produit intérieur brut par habitant en Amérique centrale parmi les leaders: Mexique (4 955,4 US$), Panama (3 305,2 US$), Costa Rica (3 038,3 US$), Salvador (1 455,6 US$), Guatemala (1 173,6 US$). La croissance du PIB en Amérique centrale parmi les leaders: Panama (5,6%), Costa Rica (4,8%), Salvador (4,7%), Guatemala (4,1%), Mexique (3,6%).

Les années 2000

Le PIB de l'Amérique centrale était de 963,8 milliards de dollars par an dans les années 2000 à égalité avec le Brésil (971,3 milliards de dollars). La part dans le monde était de 2,1% et de 5,8% dans les Amériques.

Le produit intérieur brut de l'Amérique centrale était constitué des dépenses ménagères (69,1%), de la formation de capital (22,4%) et des dépenses publiques (10,8%).

Le produit intérieur brut par habitant en Amérique centrale était de 6644.6 dollars dans les années 2000, à égalité avec le Venezuela (6 623,8 de dollars), le Gabon (6 549,5 de dollars). Le produit intérieur brut par habitant en Amérique centrale était 7,4% inférieur le PIB par habitant au Monde (7 176,3 US$), et 2,9 fois inférieur le produit intérieur brut par habitant dans les Amériques (19 020,5 US$).

La croissance du PIB en Amérique centrale était de 1.8% dans les années 2000, à égalité avec la Belgique (1,8%). La croissance du PIB en Amérique centrale (1,8%) a été inférieure à celle du monde (3,0%), et inférieure à celle des Amériques (2,1%).

Comparaison avec les sous-régions. Le produit intérieur brut de l'Amérique centrale était supérieur à celui des Caraïbes (218,5 milliards de dollars); mais inférieur à celui de l'Amérique septentrionale (13,7 billions de dollars) et de l'Amérique du Sud (1,8 billions de dollars). Le produit intérieur brut par habitant en Amérique centrale était supérieur à celui des Caraïbes (5 662,8 de dollars) et de l'Amérique du Sud (4 952,1 de dollars); mais inférieur à celui de l'Amérique septentrionale (42 023,4 de dollars). La croissance du PIB en Amérique centrale était inférieure à celle de l'Amérique du Sud (3,3%), des Caraïbes (2,6%) et de l'Amérique septentrionale (1,9%).

Les leaders. Le produit intérieur brut de l'Amérique centrale dans les années 2000 comprenait: Mexique (89,9%), Guatemala (2,8%), Costa Rica (2,2%), Panama (1,8%), Salvador (1,5%), autres (1,8%). Le produit intérieur brut par habitant en Amérique centrale parmi les leaders: Mexique (8 216,3 US$), Panama (5 164,3 US$), Costa Rica (5 024,2 US$), Salvador (2 437,0 US$), Guatemala (2 057,9 US$). La croissance du PIB en Amérique centrale parmi les leaders: Panama (5,6%), Costa Rica (4,2%), Guatemala (3,4%), Salvador (2,0%), Mexique (1,4%).

Les années 2010

Le produit intérieur brut de l'Amérique centrale était de 1,4 billions de dollars par an dans les années 2010 à égalité avec l'Australie (1,4 billions de dollars). La part dans le monde était de 1,8% et de 5,5% dans les Amériques.

Le produit intérieur brut de l'Amérique centrale était constitué des dépenses ménagères (66,3%), de la formation de capital (23,0%) et des dépenses publiques (12,2%).

Le PIB par habitant en Amérique centrale était de 8408.4 dollars dans les années 2010, à égalité avec le Gabon (8 530,7 de dollars), les Caraïbes (8 230,0 de dollars). Le produit intérieur brut par habitant en Amérique centrale était 20,7% inférieur le produit intérieur brut par habitant au Monde (10 603,1 US$), et 3,1 fois inférieur le produit intérieur brut par habitant dans les Amériques (26 129,9 US$).

La croissance du PIB en Amérique centrale était de 2.9% dans les années 2010, à égalité avec le Monténégro (2,9%), l'Afrique (2,9%), la Nouvelle-Zélande (2,9%). La croissance du produit intérieur brut en Amérique centrale (2,9%) a été inférieure à celle du monde (3,1%), et supérieure à celle des Amériques (2,2%).

Comparaison avec les sous-régions. Le PIB de l'Amérique centrale était 4,1 fois supérieur à celui des Caraïbes (341,0 milliards de dollars); mais 14,0 fois inférieur à celui de l'Amérique septentrionale (19,7 billions de dollars) et 2,9 fois inférieur à celui de l'Amérique du Sud (4,0 billions de dollars). Le produit intérieur brut par habitant en Amérique centrale était 2,2% supérieur à celui des Caraïbes (8 230,0 de dollars); mais 6,6 fois inférieur à celui de l'Amérique septentrionale (55 369,4 de dollars) et 14,5% inférieur à celui de l'Amérique du Sud (9 838,9 de dollars). La croissance du produit intérieur brut en Amérique centrale était supérieure à celle de l'Amérique septentrionale (2,3%), des Caraïbes (1,5%) et de l'Amérique du Sud (1,2%).

Les leaders. Le produit intérieur brut de l'Amérique centrale dans les années 2010 comprenait: Mexique (84,5%), Guatemala (4,2%), Costa Rica (3,7%), Panama (3,6%), Salvador (1,6%), autres (2,4%). Le produit intérieur brut par habitant en Amérique centrale parmi les leaders: Panama (12 845,3 US$), Costa Rica (10 773,6 US$), Mexique (9 844,6 US$), Guatemala (3 713,6 US$), Salvador (3 650,1 US$). La croissance du PIB en Amérique centrale parmi les leaders: Panama (6,2%), Costa Rica (3,6%), Guatemala (3,5%), Mexique (2,7%), Salvador (2,1%).

Chapitre II. Valeur ajoutée

La valeur ajoutée de l'Amérique centrale est passé de 112,1 milliards de dollars par an dans les années 1970 à 1,3 billions de dollars par an dans les années 2010, c'est-à-dire 1,2 billions de dollars ou de 12,0 fois. La variation a été de 973,0 milliards de dollars en raison de l'augmentation de 3,6 fois des prix, et de 129,6 milliards de dollars en raison de la croissance de productivité de 1,5 fois, et de 125,7 milliards de dollars en raison de la croissance démographique. La croissance annuelle moyenne de la valeur ajoutée était de 3,2%. La valeur minimale était de 55,1 milliards de dollars en 1970. La valeur maximale était de 1,5 billions de dollars en 2019.

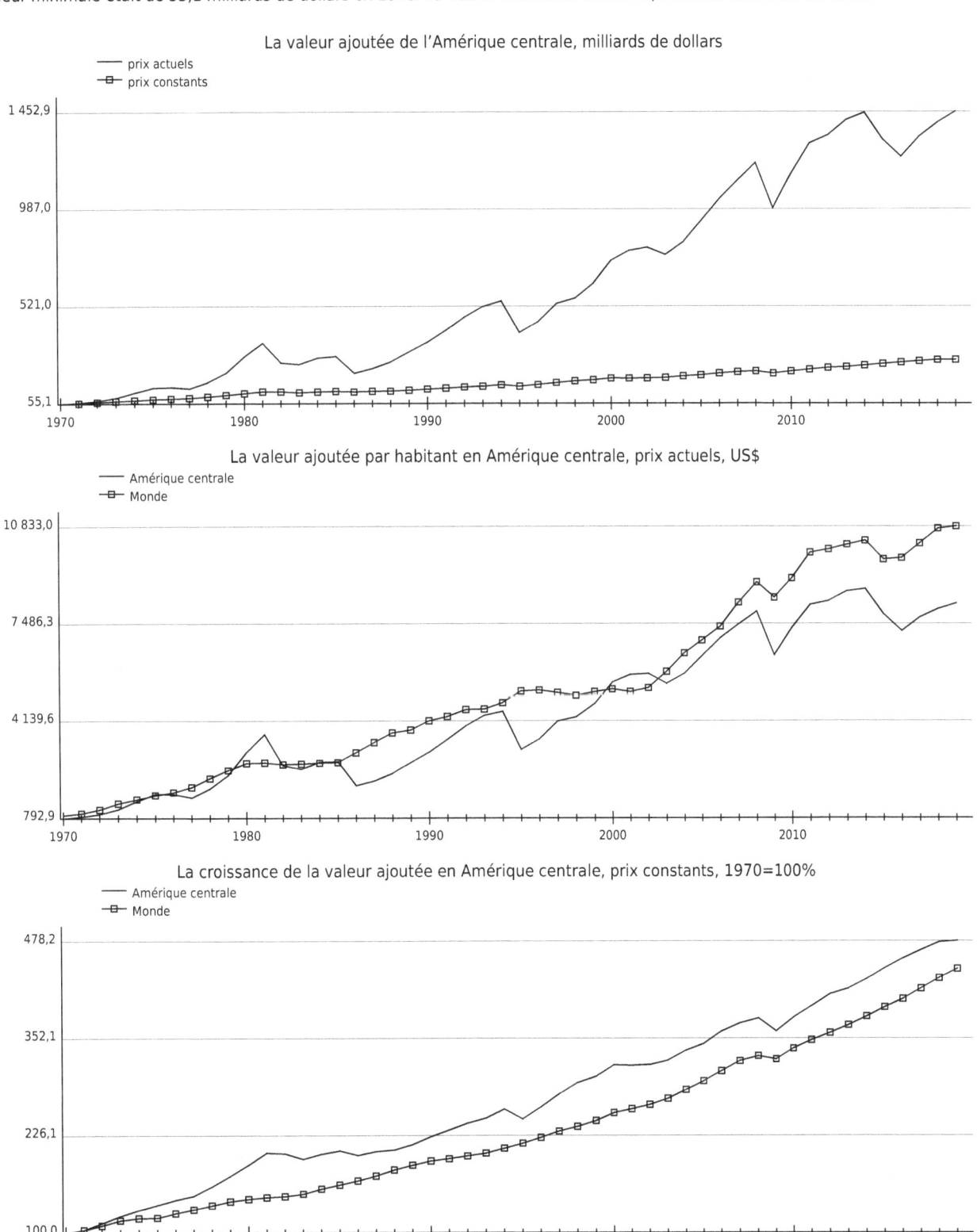

Les années 1970

La valeur ajoutée de l'Amérique centrale était de 112,1 milliards de dollars par an dans les années 1970. La part dans le monde était de 1,8% et de 5,0% dans les Amériques.

La valeur ajoutée totale de l'Amérique centrale était constituée de: services (26,1%), industrie (25,9%), commerce (24,3%), agriculture (9,9%), construction (8,0%), transport (5,8%).

La valeur ajoutée par habitant en Amérique centrale était de 1417.5 dollars dans les années 1970, à égalité avec Cuba (1 417,2 de dollars), les Îles Vierges britanniques (1 423,3 de dollars), le Nigeria (1 411,1 de dollars). La valeur ajoutée par habitant en Amérique centrale était 9,4% inférieure la valeur ajoutée par habitant au Monde (1 564,4 US$), et 2,8 fois inférieure la valeur ajoutée par habitant dans les Amériques (3 985,3 US$).

La croissance de la valeur ajoutée en Amérique centrale était de 6.3% dans les années 1970, à égalité avec le Guatemala (6,2%), le Luxembourg (6,3%). La croissance de la valeur ajoutée en Amérique centrale (6,3%) a été supérieure à celle du monde (3,9%), et supérieure à celle des Amériques (3,5%).

Comparaison avec les sous-régions. La valeur ajoutée de l'Amérique centrale était supérieure à celle des Caraïbes (34,1 milliards de dollars); mais inférieure à celle de l'Amérique septentrionale (1,9 billions de dollars) et de l'Amérique du Sud (233,5 milliards de dollars). La valeur ajoutée par habitant en Amérique centrale était supérieure à celle des Caraïbes (1 288,7 de dollars) et de l'Amérique du Sud (1 095,7 de dollars); mais inférieure à celle de l'Amérique septentrionale (7 676,0 de dollars). La croissance de la valeur ajoutée en Amérique centrale était supérieure à celle de l'Amérique du Sud (6,0%), des Caraïbes (4,5%) et de l'Amérique septentrionale (3,0%).

Les leaders. La valeur ajoutée de l'Amérique centrale dans les années 1970 comprenait: Mexique (88,4%), Guatemala (2,7%), Costa Rica (2,2%), Panama (1,9%), Nicaragua (1,9%), autres (2,9%). La valeur ajoutée par habitant en Amérique centrale parmi les leaders: Mexique (1 685,8 US$), Panama (1 249,6 US$), Costa Rica (1 196,0 US$), Nicaragua (754,4 US$), Guatemala (481,3 US$). La croissance de la valeur ajoutée en Amérique centrale parmi les leaders: Mexique (6,5%), Guatemala (6,2%), Costa Rica (6,2%), Panama (5,5%), Nicaragua (-1,6%).

Les années 1980

La valeur ajoutée de l'Amérique centrale était de 264,1 milliards de dollars par an dans les années 1980. La part dans le monde était de 1,8% et de 4,9% dans les Amériques.

La valeur ajoutée totale de l'Amérique centrale était constituée de: industrie (34,2%), services (22,7%), commerce (22,0%), agriculture (7,6%), construction (6,8%), transport (6,7%).

La valeur ajoutée par habitant en Amérique centrale était de 2610.7 dollars dans les années 1980, à égalité avec le Panama (2 570,8 de dollars). La valeur ajoutée par habitant en Amérique centrale était 13,8% inférieure la valeur ajoutée par habitant au Monde (3 029,9 US$), et 3,1 fois inférieure la valeur ajoutée par habitant dans les Amériques (8 159,2 US$).

La croissance de la valeur ajoutée en Amérique centrale était de 2.1% dans les années 1980, à égalité avec la France (2,2%). La croissance de la valeur ajoutée en Amérique centrale (2,1%) a été inférieure à celle du monde (2,9%), et inférieure à celle des Amériques (2,7%).

Comparaison avec les sous-régions. La valeur ajoutée de l'Amérique centrale était supérieure à celle des Caraïbes (74,3 milliards de dollars); mais inférieure à celle de l'Amérique septentrionale (4,5 billions de dollars) et de l'Amérique du Sud (526,2 milliards de dollars). La valeur ajoutée par habitant en Amérique centrale était supérieure à celle des Caraïbes (2 414,2 de dollars) et de l'Amérique du Sud (1 984,8 de dollars); mais inférieure à celle de l'Amérique septentrionale (17 111,3 de dollars). La croissance de la valeur ajoutée en Amérique centrale était supérieure à celle de l'Amérique du Sud (1,9%); mais inférieure à celle des Caraïbes (3,3%) et de l'Amérique septentrionale (2,8%).

Les leaders. La valeur ajoutée de l'Amérique centrale dans les années 1980 comprenait: Mexique (89,1%), Guatemala (2,6%), Panama (2,1%), Costa Rica (1,7%), Honduras (1,6%), autres (2,7%). La valeur ajoutée par habitant en Amérique centrale parmi les leaders: Mexique (3 133,8 US$), Panama (2 570,8 US$), Costa Rica (1 683,3 US$), Honduras (1 003,5 US$), Guatemala (857,3 US$). La croissance de la valeur ajoutée en Amérique centrale parmi les leaders: Honduras (2,4%), Mexique (2,3%), Costa Rica (1,9%), Panama (1,2%), Guatemala (0,62%).

Chapitre II. Valeur ajoutée

Les années 1990

La valeur ajoutée de l'Amérique centrale était de 484,3 milliards de dollars par an dans les années 1990. La part dans le monde était de 1,8% et de 4,9% dans les Amériques.

La valeur ajoutée totale de l'Amérique centrale était constituée de: services (32,0%), industrie (27,9%), commerce (19,8%), transport (7,8%), construction (6,6%), agriculture (5,9%).

La valeur ajoutée par habitant en Amérique centrale était de 3925.1 dollars dans les années 1990, à égalité avec le Chili (3 926,9 de dollars), l'Est (3 998,1 de dollars). La valeur ajoutée par habitant en Amérique centrale était 18,2% inférieure la valeur ajoutée par habitant au Monde (4 799,9 US$), et 3,3 fois inférieure la valeur ajoutée par habitant dans les Amériques (12 777,9 US$).

La croissance de la valeur ajoutée en Amérique centrale était de 3.5% dans les années 1990, à égalité avec le Liechtenstein (3,5%), le Ghana (3,5%), d'Antigua-et-Barbuda (3,5%). La croissance de la valeur ajoutée en Amérique centrale (3,5%) a été supérieure à celle du monde (2,7%), et supérieure à celle des Amériques (2,8%).

Comparaison avec les sous-régions. La valeur ajoutée de l'Amérique centrale était supérieure à celle des Caraïbes (113,5 milliards de dollars); mais inférieure à celle de l'Amérique septentrionale (8,1 billions de dollars) et de l'Amérique du Sud (1,1 billions de dollars). La valeur ajoutée par habitant en Amérique centrale était supérieure à celle de l'Amérique du Sud (3 501,8 de dollars) et des Caraïbes (3 242,8 de dollars); mais inférieure à celle de l'Amérique septentrionale (27 730,0 de dollars). La croissance de la valeur ajoutée en Amérique centrale était supérieure à celle de l'Amérique septentrionale (2,8%), de l'Amérique du Sud (2,5%) et des Caraïbes (2,2%).

Les leaders. La valeur ajoutée de l'Amérique centrale dans les années 1990 comprenait: Mexique (90,6%), Guatemala (2,3%), Costa Rica (2,0%), Panama (1,7%), Salvador (1,5%), autres (1,8%). La valeur ajoutée par habitant en Amérique centrale parmi les leaders: Mexique (4 830,7 US$), Panama (3 103,4 US$), Costa Rica (2 777,8 US$), Salvador (1 345,4 US$), Guatemala (1 083,5 US$). La croissance de la valeur ajoutée en Amérique centrale parmi les leaders: Panama (5,8%), Salvador (4,6%), Costa Rica (4,3%), Guatemala (4,2%), Mexique (3,4%).

Les années 2000

La valeur ajoutée de l'Amérique centrale était de 920,8 milliards de dollars par an dans les années 2000. La part dans le monde était de 2,1% et de 5,6% dans les Amériques.

La valeur ajoutée totale de l'Amérique centrale était constituée de: services (34,6%), industrie (26,0%), commerce (19,0%), transport (8,6%), construction (7,8%), agriculture (4,0%).

La valeur ajoutée par habitant en Amérique centrale était de 6347.9 dollars dans les années 2000, à égalité avec le Venezuela (6 298,6 de dollars), le Gabon (6 219,3 de dollars). La valeur ajoutée par habitant en Amérique centrale était 6,9% inférieure la valeur ajoutée par habitant au Monde (6 818,0 US$), et 2,9 fois inférieure la valeur ajoutée par habitant dans les Amériques (18 623,4 US$).

La croissance de la valeur ajoutée en Amérique centrale était de 1.8% dans les années 2000, à égalité avec la Suisse (1,8%), les Seychelles (1,8%). La croissance de la valeur ajoutée en Amérique centrale (1,8%) a été inférieure à celle du monde (2,9%), et inférieure à celle des Amériques (1,9%).

Comparaison avec les sous-régions. La valeur ajoutée de l'Amérique centrale était supérieure à celle des Caraïbes (211,7 milliards de dollars); mais inférieure à celle de l'Amérique septentrionale (13,6 billions de dollars) et de l'Amérique du Sud (1,6 billions de dollars). La valeur ajoutée par habitant en Amérique centrale était supérieure à celle des Caraïbes (5 485,7 de dollars) et de l'Amérique du Sud (4 344,6 de dollars); mais inférieure à celle de l'Amérique septentrionale (41 793,4 de dollars). La croissance de la valeur ajoutée en Amérique centrale était supérieure à celle de l'Amérique septentrionale (1,7%); mais inférieure à celle de l'Amérique du Sud (3,1%) et des Caraïbes (2,6%).

Les leaders. La valeur ajoutée de l'Amérique centrale dans les années 2000 comprenait: Mexique (90,2%), Guatemala (2,7%), Costa Rica (2,1%), Panama (1,8%), Salvador (1,5%), autres (1,8%). La valeur ajoutée par habitant en Amérique centrale parmi les leaders: Mexique (7 874,4 US$), Panama (4 918,1 US$), Costa Rica (4 546,0 US$), Salvador (2 235,6 US$), Guatemala (1 917,0 US$). La croissance de la valeur ajoutée en Amérique centrale parmi les leaders: Panama (5,3%), Costa Rica (4,1%), Guatemala (3,4%), Salvador (2,0%), Mexique (1,4%).

Les années 2010

La valeur ajoutée de l'Amérique centrale était de 1,3 billions de dollars par an dans les années 2010 à égalité avec l'Australie (1,3 billions de dollars), la Corée du Sud (1,3 billions de dollars). La part dans le monde était de 1,8% et de 5,4% dans les Amériques.

La valeur ajoutée totale de l'Amérique centrale était constituée de: services (34,5%), industrie (24,0%), commerce (20,8%), transport (8,7%), construction (7,9%), agriculture (4,1%).

La valeur ajoutée par habitant en Amérique centrale était de 7990.6 dollars dans les années 2010, à égalité avec le Gabon (7 980,2 de dollars), les Caraïbes (7 946,0 de dollars). La valeur ajoutée par habitant en Amérique centrale était 20,8% inférieure la valeur ajoutée par habitant au Monde (10 094,6 US$), et 3,2 fois inférieure la valeur ajoutée par habitant dans les Amériques (25 411,8 US$).

La croissance de la valeur ajoutée en Amérique centrale était de 2.9% dans les années 2010, à égalité avec la Nouvelle-Calédonie (2,9%), Hong Kong (2,9%), l'Algérie (2,9%). La croissance de la valeur ajoutée en Amérique centrale (2,9%) a été inférieure à celle du monde (3,1%), et supérieure à celle des Amériques (2,1%).

Comparaison avec les sous-régions. La valeur ajoutée de l'Amérique centrale était 4,1 fois supérieure à celle des Caraïbes (329,3 milliards de dollars); mais 14,6 fois inférieure à celle de l'Amérique septentrionale (19,6 billions de dollars) et 2,6 fois inférieure à celle de l'Amérique du Sud (3,5 billions de dollars). La valeur ajoutée par habitant en Amérique centrale était 0,56% supérieure à celle des Caraïbes (7 946,0 de dollars); mais 6,9 fois inférieure à celle de l'Amérique septentrionale (55 053,6 de dollars) et 7,1% inférieure à celle de l'Amérique du Sud (8 605,3 de dollars). La croissance de la valeur ajoutée en Amérique centrale était supérieure à celle de l'Amérique septentrionale (2,2%), des Caraïbes (1,4%) et de l'Amérique du Sud (1,3%).

Les leaders. La valeur ajoutée de l'Amérique centrale dans les années 2010 comprenait: Mexique (84,7%), Guatemala (4,2%), Panama (3,6%), Costa Rica (3,6%), Salvador (1,6%), autres (2,4%). La valeur ajoutée par habitant en Amérique centrale parmi les leaders: Panama (12 359,1 US$), Costa Rica (9 894,7 US$), Mexique (9 379,0 US$), Guatemala (3 491,0 US$), Salvador (3 322,4 US$). La croissance de la valeur ajoutée en Amérique centrale parmi les leaders: Panama (6,2%), Costa Rica (3,6%), Guatemala (3,5%), Mexique (2,6%), Salvador (1,9%).

Chapitre III. Revenu national brut

Le RNB de l'Amérique centrale est passé de 105,1 milliards de dollars par an dans les années 1970 à 1,4 billions de dollars par an dans les années 2010, c'est-à-dire 1,3 billions de dollars ou de 13,1 fois. La variation a été de 1,0 billions de dollars en raison de l'augmentation de 4,0 fois des prix, et de 117,0 milliards de dollars en raison de la croissance de productivité de 1,5 fois, et de 117,8 milliards de dollars en raison de la croissance démographique. La croissance annuelle moyenne du RNB était de 3,2%. La valeur minimale était de 51,0 milliards de dollars en 1970. La valeur maximale était de 1,5 billions de dollars en 2014.

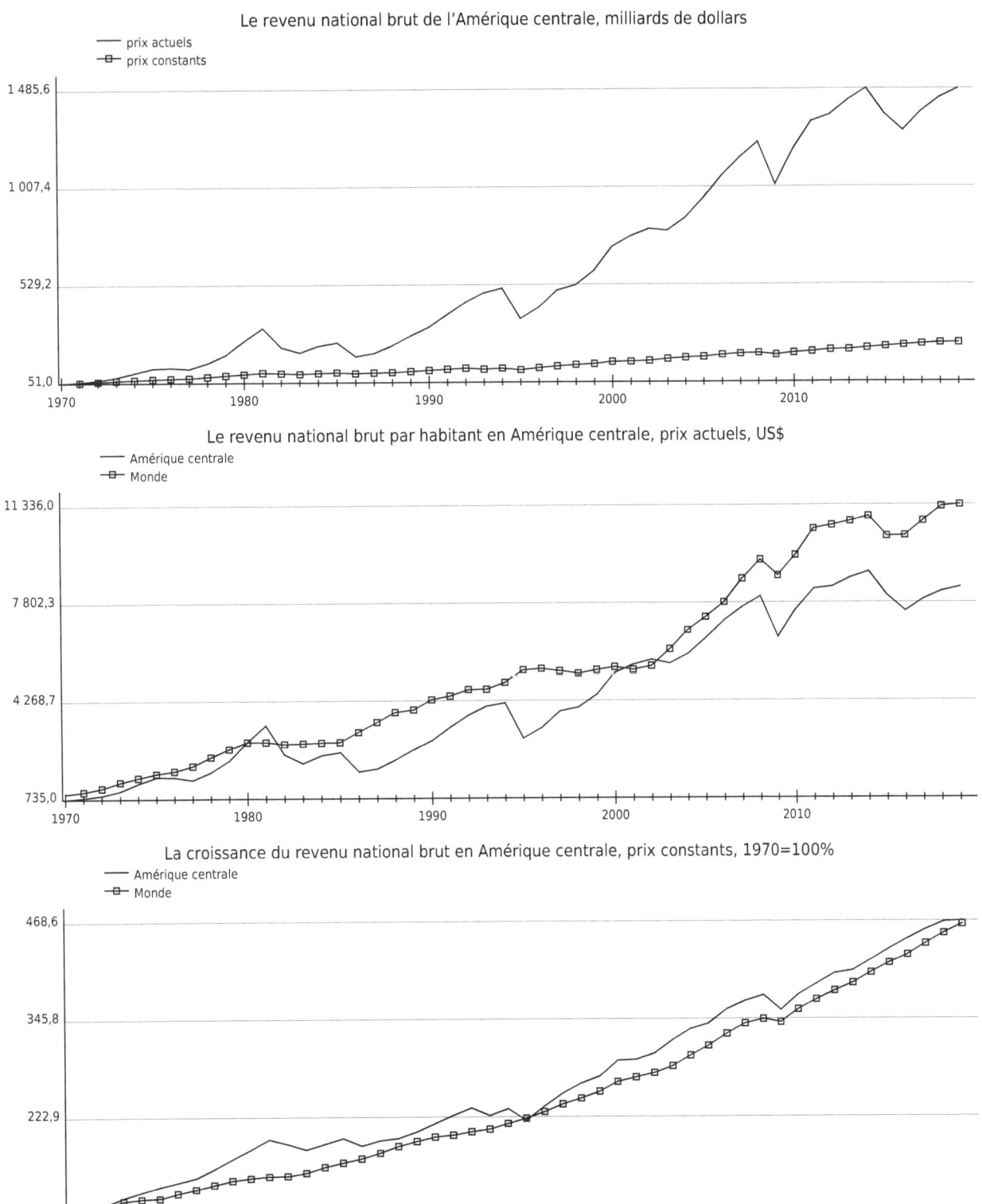

Les années 1970

Le RNB de l'Amérique centrale était de 105,1 milliards de dollars par an dans les années 1970 à égalité avec l'Espagne (105,3 milliards de dollars). La part dans le monde était de 1,6% et de 4,7% dans les Amériques.

Le RNB par habitant en Amérique centrale était de 1328.8 dollars dans les années 1970, à égalité avec l'Afrique du Sud (1 333,1 de dollars), le Chili (1 320,8 de dollars), la Jamaïque (1 344,1 de dollars). Le RNB par habitant en Amérique centrale était 18,2% inférieur le RNB par habitant au Monde (1 624,3 US$), et 3,0 fois inférieur le revenu national brut par habitant dans les Amériques (4 019,9 US$).

La croissance du revenu national brut en Amérique centrale était de 6.1% dans les années 1970, à égalité avec le Guatemala (6,1%). La croissance du RNB en Amérique centrale (6,1%) a été supérieure à celle du monde (4,1%), et supérieure à celle des Amériques (4,0%).

Comparaison avec les sous-régions. Le revenu national brut de l'Amérique centrale était supérieur à celui des Caraïbes (31,0 milliards de dollars); mais inférieur à celui de l'Amérique septentrionale (1,9 billions de dollars) et de l'Amérique du Sud (241,2 milliards de dollars). Le RNB par habitant en Amérique centrale était supérieur à celui des Caraïbes (1 169,0 de dollars) et de l'Amérique du Sud (1 132,3 de dollars); mais inférieur à celui de l'Amérique septentrionale (7 766,4 de dollars). La croissance du revenu national brut en Amérique centrale était supérieure à celle des Caraïbes (4,3%) et de l'Amérique septentrionale (3,5%); mais inférieure à celle de l'Amérique du Sud (6,5%).

Les leaders. Le RNB de l'Amérique centrale dans les années 1970 comprenait: Mexique (88,0%), Guatemala (3,2%), Costa Rica (2,5%), Nicaragua (1,8%), Panama (1,6%), autres (2,9%). Le RNB par habitant en Amérique centrale parmi les leaders: Mexique (1 573,4 US$), Costa Rica (1 287,6 US$), Panama (1 000,3 US$), Nicaragua (678,5 US$), Guatemala (521,0 US$). La croissance du revenu national brut en Amérique centrale parmi les leaders: Mexique (6,3%), Guatemala (6,1%), Costa Rica (5,9%), Panama (4,4%), Nicaragua (-0,28%).

Les années 1980

Le RNB de l'Amérique centrale était de 234,6 milliards de dollars par an dans les années 1980 à égalité avec l'Inde (239,6 milliards de dollars). La part dans le monde était de 1,6% et de 4,4% dans les Amériques.

Le revenu national brut par habitant en Amérique centrale était de 2318.9 dollars dans les années 1980, à égalité avec l'Iran (2 305,0 de dollars), l'Algérie (2 341,4 de dollars), le Panama (2 271,0 de dollars). Le revenu national brut par habitant en Amérique centrale était 25,6% inférieur le revenu national brut par habitant au Monde (3 117,1 US$), et 3,5 fois inférieur le revenu national brut par habitant dans les Amériques (8 063,2 US$).

La croissance du RNB en Amérique centrale était de 1.9% dans les années 1980. La croissance du revenu national brut en Amérique centrale (1,9%) a été inférieure à celle du monde (3,0%), et inférieure à celle des Amériques (2,8%).

Comparaison avec les sous-régions. Le revenu national brut de l'Amérique centrale était supérieur à celui des Caraïbes (64,7 milliards de dollars); mais inférieur à celui de l'Amérique septentrionale (4,5 billions de dollars) et de l'Amérique du Sud (508,2 milliards de dollars). Le RNB par habitant en Amérique centrale était supérieur à celui des Caraïbes (2 103,5 de dollars) et de l'Amérique du Sud (1 917,1 de dollars); mais inférieur à celui de l'Amérique septentrionale (17 086,5 de dollars). La croissance du revenu national brut en Amérique centrale était supérieure à celle de l'Amérique du Sud (1,5%); mais inférieure à celle de l'Amérique septentrionale (3,0%) et des Caraïbes (2,5%).

Les leaders. Le RNB de l'Amérique centrale dans les années 1980 comprenait: Mexique (88,1%), Guatemala (3,2%), Panama (2,1%), Costa Rica (2,0%), Honduras (1,7%), autres (2,9%). Le RNB par habitant en Amérique centrale parmi les leaders: Mexique (2 751,7 US$), Panama (2 271,0 US$), Costa Rica (1 721,6 US$), Honduras (949,0 US$), Guatemala (914,3 US$). La croissance du revenu national brut en Amérique centrale parmi les leaders: Panama (3,9%), Honduras (2,3%), Mexique (2,0%), Costa Rica (1,8%), Guatemala (0,72%).

Les années 1990

Le RNB de l'Amérique centrale était de 454,4 milliards de dollars par an dans les années 1990. La part dans le monde était de 1,6% et de 4,6% dans les Amériques.

Le RNB par habitant en Amérique centrale était de 3683.1 dollars dans les années 1990, à égalité avec l'Amérique du Sud (3 684,8 de dollars), la Dominique (3 704,1 de dollars), Nauru (3 649,3 de dollars). Le revenu national brut par habitant en Amérique centrale était 26,2% inférieur le revenu national brut par habitant au Monde (4 991,4 US$), et 3,5 fois inférieur le RNB par habitant dans les

Chapitre III. Revenu national brut

Amériques (12 792,4 US$).

La croissance du RNB en Amérique centrale était de 3% dans les années 1990, à égalité avec le Portugal (2,9%), Saint-Vincent-et-les-Grenadines (3,0%), le Pérou (3,0%). La croissance du revenu national brut en Amérique centrale (3,0%) a été supérieure à celle du monde (2,8%), et inférieure à celle des Amériques (3,2%).

Comparaison avec les sous-régions. Le RNB de l'Amérique centrale était supérieur à celui des Caraïbes (99,1 milliards de dollars); mais inférieur à celui de l'Amérique septentrionale (8,1 billions de dollars) et de l'Amérique du Sud (1,2 billions de dollars). Le RNB par habitant en Amérique centrale était supérieur à celui des Caraïbes (2 831,2 de dollars); mais inférieur à celui de l'Amérique septentrionale (27 719,8 de dollars) et de l'Amérique du Sud (3 684,8 de dollars). La croissance du revenu national brut en Amérique centrale était supérieure à celle de l'Amérique du Sud (2,7%) et des Caraïbes (2,1%); mais inférieure à celle de l'Amérique septentrionale (3,3%).

Les leaders. Le revenu national brut de l'Amérique centrale dans les années 1990 comprenait: Mexique (89,7%), Guatemala (2,6%), Costa Rica (2,3%), Panama (1,8%), Salvador (1,6%), autres (1,9%). Le RNB par habitant en Amérique centrale parmi les leaders: Mexique (4 490,3 US$), Panama (3 013,5 US$), Costa Rica (2 978,8 US$), Salvador (1 305,6 US$), Guatemala (1 159,6 US$). La croissance du revenu national brut en Amérique centrale parmi les leaders: Panama (5,5%), Costa Rica (5,1%), Guatemala (4,2%), Mexique (2,8%), Salvador (2,5%).

Les années 2000

Le RNB de l'Amérique centrale était de 932,4 milliards de dollars par an dans les années 2000 à égalité avec le Brésil (945,9 milliards de dollars). La part dans le monde était de 2,0% et de 5,6% dans les Amériques.

Le RNB par habitant en Amérique centrale était de 6428.4 dollars dans les années 2000, à égalité avec Sainte-Lucie (6 307,5 de dollars), le Venezuela (6 568,0 de dollars). Le revenu national brut par habitant en Amérique centrale était 10,3% inférieur le RNB par habitant au Monde (7 165,2 US$), et 3,0 fois inférieur le RNB par habitant dans les Amériques (18 970,5 US$).

La croissance du revenu national brut en Amérique centrale était de 2.7% dans les années 2000, à égalité avec la Hongrie (2,7%). La croissance du RNB en Amérique centrale (2,7%) a été inférieure à celle du monde (3,0%), et supérieure à celle des Amériques (2,1%).

Comparaison avec les sous-régions. Le revenu national brut de l'Amérique centrale était supérieur à celui des Caraïbes (185,8 milliards de dollars); mais inférieur à celui de l'Amérique septentrionale (13,8 billions de dollars) et de l'Amérique du Sud (1,8 billions de dollars). Le RNB par habitant en Amérique centrale était supérieur à celui des Caraïbes (4 813,4 de dollars) et de l'Amérique du Sud (4 796,8 de dollars); mais inférieur à celui de l'Amérique septentrionale (42 261,1 de dollars). La croissance du RNB en Amérique centrale était supérieure à celle de l'Amérique septentrionale (1,8%); mais inférieure à celle de l'Amérique du Sud (3,3%) et des Caraïbes (2,8%).

Les leaders. Le RNB de l'Amérique centrale dans les années 2000 comprenait: Mexique (90,0%), Guatemala (2,8%), Costa Rica (2,2%), Panama (1,7%), Salvador (1,5%), autres (1,8%). Le RNB par habitant en Amérique centrale parmi les leaders: Mexique (7 957,4 US$), Costa Rica (4 848,1 US$), Panama (4 700,2 US$), Salvador (2 340,7 US$), Guatemala (2 021,0 US$). La croissance du RNB en Amérique centrale parmi les leaders: Panama (5,8%), Costa Rica (4,2%), Guatemala (3,2%), Mexique (2,4%), Salvador (2,4%).

Les années 2010

Le revenu national brut de l'Amérique centrale était de 1,4 billions de dollars par an dans les années 2010 à égalité avec l'Australie (1,4 billions de dollars), l'Espagne (1,3 billions de dollars). La part dans le monde était de 1,8% et de 5,4% dans les Amériques.

Le revenu national brut par habitant en Amérique centrale était de 8181.9 dollars dans les années 2010, à égalité avec la Grenade (8 288,1 de dollars). Le RNB par habitant en Amérique centrale était 22,9% inférieur le RNB par habitant au Monde (10 611,7 US$), et 3,2 fois inférieur le RNB par habitant dans les Amériques (26 262,7 US$).

La croissance du revenu national brut en Amérique centrale était de 2.8% dans les années 2010, à égalité avec d'Oman (2,8%), Madagascar (2,8%), l'Uruguay (2,8%). La croissance du RNB en Amérique centrale (2,8%) a été inférieure à celle du monde (3,1%), et supérieure à celle des Amériques (2,3%).

Comparaison avec les sous-régions. Le revenu national brut de l'Amérique centrale était 4,6 fois supérieur à celui des Caraïbes (299,6 milliards de dollars); mais 14,6 fois inférieur à celui de l'Amérique septentrionale (20,0 billions de dollars) et 2,9 fois inférieur à celui de l'Amérique du Sud (3,9 billions de dollars). Le RNB par habitant en Amérique centrale était 13,2% supérieur à celui des Caraïbes (7

229,0 de dollars); mais 6,9 fois inférieur à celui de l'Amérique septentrionale (56 264,7 de dollars) et 14,5% inférieur à celui de l'Amérique du Sud (9 572,3 de dollars). La croissance du revenu national brut en Amérique centrale était supérieure à celle de l'Amérique septentrionale (2,4%), des Caraïbes (1,8%) et de l'Amérique du Sud (1,1%).

Les leaders. Le RNB de l'Amérique centrale dans les années 2010 comprenait: Mexique (84,8%), Guatemala (4,3%), Costa Rica (3,6%), Panama (3,4%), Salvador (1,6%), autres (2,3%). Le revenu national brut par habitant en Amérique centrale parmi les leaders: Panama (11 749,6 US$), Costa Rica (10 300,0 US$), Mexique (9 620,5 US$), Guatemala (3 626,6 US$), Salvador (3 482,6 US$). La croissance du RNB en Amérique centrale parmi les leaders: Panama (6,2%), Guatemala (3,6%), Costa Rica (3,4%), Mexique (2,6%), Salvador (1,9%).

Partie II. Structure

	Les années 2010
agriculture	4,1%
industrie	24,0%
construction	7,9%
commerce	20,8%
transport	8,7%
services	34,5%

Chapitre IV. Agriculture

Agriculture, chasse, sylviculture et pêche (ISIC A-B)

La valeur de l'agriculture en Amérique centrale est passé de 11,1 milliards de dollars par an dans les années 1970 à 54,7 milliards de dollars par an dans les années 2010, c'est-à-dire 43,5 milliards de dollars ou de 4,9 fois. La variation a été de 31,9 milliards de dollars en raison de l'augmentation de 2,4 fois des prix, et de -824,8 millions de dollars en raison de la baisse de productivité de 1,0 fois, et de 12,5 milliards de dollars en raison de la croissance démographique. La croissance annuelle moyenne de l'agriculture était de 2,0%. La valeur minimale était de 6,1 milliards de dollars en 1970. La valeur maximale était de 61,1 milliards de dollars en 2019.

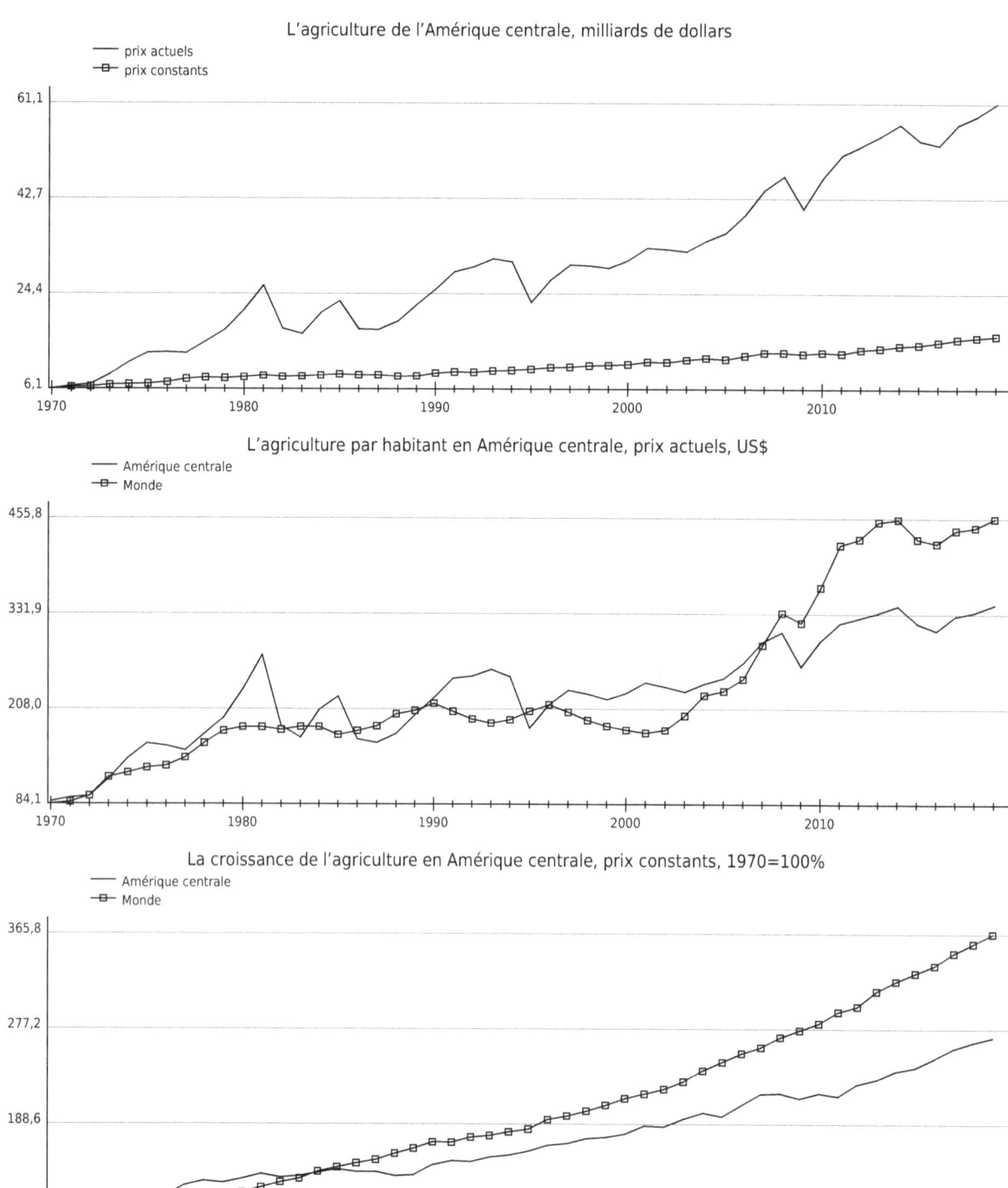

Chapitre IV. Agriculture

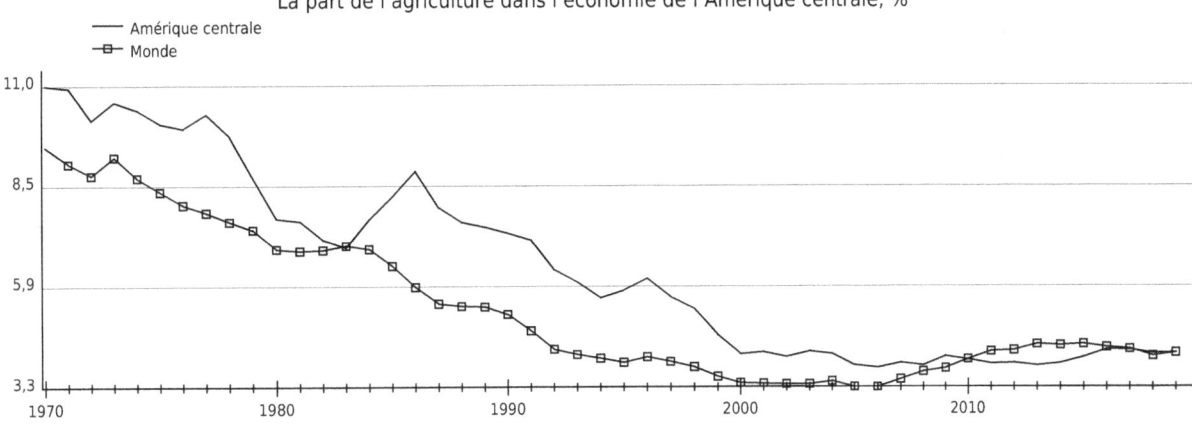

Les années 1970

La valeur ajoutée de l'agriculture en Amérique centrale était de 11,1 milliards de dollars par an dans les années 1970. La part dans le monde était de 2,2% et de 12,6% dans les Amériques.

La part de l'agriculture dans l'économie de l'Amérique centrale était de 9,9% dans les années 1970.

L'agriculture par habitant en Amérique centrale était de 140.7 dollars dans les années 1970, à égalité avec Trinité-et-Tobago (140,0 de dollars), la Dominique (141,6 de dollars), la Micronésie (142,9 de dollars). L'agriculture par habitant en Amérique centrale était 10,3% supérieure l'agriculture par habitant au Monde (127,6 US$), et 11,0% inférieure l'agriculture par habitant dans les Amériques (158,1 US$).

La croissance de l'agriculture en Amérique centrale était de 3.3% dans les années 1970, à égalité avec la République dominicaine (3,3%), l'Europe (3,3%). La croissance de l'agriculture en Amérique centrale (3,3%) a été supérieure à celle du monde (2,2%), et supérieure à celle des Amériques (1,9%).

Comparaison avec les sous-régions. L'agriculture de l'Amérique centrale était supérieure à celle des Caraïbes (3,1 milliards de dollars); mais inférieure à celle de l'Amérique septentrionale (49,5 milliards de dollars) et de l'Amérique du Sud (24,8 milliards de dollars). L'agriculture par habitant en Amérique centrale était supérieure à celle des Caraïbes (116,5 de dollars) et de l'Amérique du Sud (116,2 de dollars); mais inférieure à celle de l'Amérique septentrionale (205,3 de dollars). La croissance de l'agriculture en Amérique centrale était supérieure à celle des Caraïbes (3,2%), de l'Amérique du Sud (3,1%) et de l'Amérique septentrionale (0,32%).

Les leaders. La valeur de l'agriculture en Amérique centrale dans les années 1970 comprenait: Mexique (79,3%), Guatemala (4,9%), Salvador (4,2%), Honduras (3,5%), Costa Rica (3,4%), autres (4,7%). La part de l'agriculture dans l'économie des leaders: Salvador (28,3%), Honduras (26,4%), Guatemala (17,7%), Costa Rica (15,4%), Mexique (8,9%). L'agriculture par habitant en Amérique centrale parmi les leaders: Costa Rica (184,4 US$), Mexique (150,1 US$), Honduras (125,4 US$), Salvador (112,9 US$), Guatemala (85,1 US$). La croissance de l'agriculture en Amérique centrale parmi les leaders: Guatemala (5,0%), Salvador (4,9%), Mexique (3,0%), Costa Rica (2,9%), Honduras (2,8%).

Les années 1980

La valeur ajoutée de l'agriculture en Amérique centrale était de 20,2 milliards de dollars par an dans les années 1980. La part dans le monde était de 2,2% et de 12,8% dans les Amériques.

La part de l'agriculture dans l'économie de l'Amérique centrale était de 7,6% dans les années 1980, à égalité avec le Panama (7,6%), l'Argentine (7,7%).

L'agriculture par habitant en Amérique centrale était de 199.3 dollars dans les années 1980, à égalité avec le Honduras (199,2 de dollars), le Panama (195,9 de dollars). L'agriculture par habitant en Amérique centrale était 6,8% supérieure l'agriculture par habitant au Monde (186,6 US$), et 16,1% inférieure l'agriculture par habitant dans les Amériques (237,6 US$).

La croissance de l'agriculture en Amérique centrale était de 0.5% dans les années 1980. La croissance de l'agriculture en Amérique centrale (0,51%) a été inférieure à celle du monde (3,1%), et inférieure à celle des Amériques (2,6%).

Comparaison avec les sous-régions. L'agriculture de l'Amérique centrale était supérieure à celle des Caraïbes (5,9 milliards de dollars);

mais inférieure à celle de l'Amérique septentrionale (81,2 milliards de dollars) et de l'Amérique du Sud (50,1 milliards de dollars). L'agriculture par habitant en Amérique centrale était supérieure à celle des Caraïbes (191,3 de dollars) et de l'Amérique du Sud (189,1 de dollars); mais inférieure à celle de l'Amérique septentrionale (306,1 de dollars). La croissance de l'agriculture en Amérique centrale était inférieure à celle de l'Amérique septentrionale (3,5%), de l'Amérique du Sud (2,5%) et des Caraïbes (2,0%).

Les leaders. Le secteur de l'agriculture en Amérique centrale dans les années 1980 comprenait: Mexique (78,3%), Guatemala (5,8%), Honduras (4,2%), Salvador (3,6%), Costa Rica (3,4%), autres (4,8%). La part de l'agriculture dans l'économie des leaders: Honduras (19,9%), Salvador (18,7%), Guatemala (16,7%), Costa Rica (15,0%), Mexique (6,7%). L'agriculture par habitant en Amérique centrale parmi les leaders: Costa Rica (252,9 US$), Mexique (210,1 US$), Honduras (199,2 US$), Salvador (146,4 US$), Guatemala (143,2 US$). La croissance de l'agriculture en Amérique centrale parmi les leaders: Costa Rica (2,8%), Honduras (2,8%), Mexique (1,4%), Guatemala (1,0%), Salvador (-9,9%).

Les années 1990

La valeur de l'agriculture en Amérique centrale était de 28,4 milliards de dollars par an dans les années 1990. La part dans le monde était de 2,5% et de 12,7% dans les Amériques.

La part de l'agriculture dans l'économie de l'Amérique centrale était de 5,9% dans les années 1990, à égalité avec la Jordanie (5,9%).

L'agriculture par habitant en Amérique centrale était de 230.3 dollars dans les années 1990, à égalité avec le Brésil (228,7 de dollars), la Grenade (234,0 de dollars), la Colombie (226,4 de dollars). L'agriculture par habitant en Amérique centrale était 15,2% supérieure l'agriculture par habitant au Monde (199,8 US$), et 20,3% inférieure l'agriculture par habitant dans les Amériques (288,9 US$).

La croissance de l'agriculture en Amérique centrale était de 2.3% dans les années 1990. La croissance de l'agriculture en Amérique centrale (2,3%) a été supérieure à celle du monde (2,2%), et inférieure à celle des Amériques (2,4%).

Comparaison avec les sous-régions. L'agriculture de l'Amérique centrale était supérieure à celle des Caraïbes (6,0 milliards de dollars); mais inférieure à celle de l'Amérique septentrionale (111,6 milliards de dollars) et de l'Amérique du Sud (76,8 milliards de dollars). L'agriculture par habitant en Amérique centrale était supérieure à celle des Caraïbes (172,0 de dollars); mais inférieure à celle de l'Amérique septentrionale (380,2 de dollars) et de l'Amérique du Sud (240,6 de dollars). La croissance de l'agriculture en Amérique centrale était supérieure à celle des Caraïbes (-2,1%); mais inférieure à celle de l'Amérique du Sud (2,9%) et de l'Amérique septentrionale (2,4%).

Les leaders. L'agriculture de l'Amérique centrale dans les années 1990 comprenait: Mexique (77,7%), Guatemala (6,2%), Costa Rica (4,5%), Salvador (3,3%), Honduras (3,1%), autres (5,2%). La part de l'agriculture dans l'économie des leaders: Honduras (19,7%), Guatemala (15,8%), Costa Rica (13,2%), Salvador (12,4%), Mexique (5,0%). L'agriculture par habitant en Amérique centrale parmi les leaders: Costa Rica (367,6 US$), Mexique (243,1 US$), Guatemala (171,1 US$), Salvador (166,3 US$), Honduras (155,9 US$). La croissance de l'agriculture en Amérique centrale parmi les leaders: Costa Rica (5,2%), Guatemala (3,0%), Mexique (2,0%), Honduras (1,5%), Salvador (1,4%).

Les années 2000

L'agriculture de l'Amérique centrale était de 37,3 milliards de dollars par an dans les années 2000 à égalité avec l'Italie (37,0 milliards de dollars). La part dans le monde était de 2,4% et de 12,9% dans les Amériques.

La part de l'agriculture dans l'économie de l'Amérique centrale était de 4,0% dans les années 2000.

L'agriculture par habitant en Amérique centrale était de 256.8 dollars dans les années 2000, à égalité avec la Colombie (258,3 de dollars), le Kazakhstan (254,3 de dollars), le Bhoutan (253,8 de dollars). L'agriculture par habitant en Amérique centrale était 6,9% supérieure l'agriculture par habitant au Monde (240,3 US$), et 21,6% inférieure l'agriculture par habitant dans les Amériques (327,5 US$).

La croissance de l'agriculture en Amérique centrale était de 1.9% dans les années 2000, à égalité avec l'Allemagne (1,9%), le Malawi (1,9%), la Guinée (1,9%). La croissance de l'agriculture en Amérique centrale (1,9%) a été inférieure à celle du monde (3,0%), et inférieure à celle des Amériques (2,7%).

Comparaison avec les sous-régions. La valeur de l'agriculture en Amérique centrale était supérieure à celle des Caraïbes (6,9 milliards de dollars); mais inférieure à celle de l'Amérique septentrionale (143,2 milliards de dollars) et de l'Amérique du Sud (100,4 milliards de dollars). L'agriculture par habitant en Amérique centrale était supérieure à celle des Caraïbes (178,0 de dollars); mais inférieure à

Chapitre IV. Agriculture

celle de l'Amérique septentrionale (439,1 de dollars) et de l'Amérique du Sud (272,2 de dollars). La croissance de l'agriculture en Amérique centrale était supérieure à celle des Caraïbes (0,94%); mais inférieure à celle de l'Amérique septentrionale (3,2%) et de l'Amérique du Sud (2,6%).

Les leaders. L'agriculture de l'Amérique centrale dans les années 2000 comprenait: Mexique (75,2%), Guatemala (8,6%), Costa Rica (4,7%), Honduras (3,3%), Nicaragua (2,8%), autres (5,5%). La part de l'agriculture dans l'économie des leaders: Nicaragua (17,9%), Guatemala (12,9%), Honduras (12,7%), Costa Rica (9,0%), Mexique (3,4%). L'agriculture par habitant en Amérique centrale parmi les leaders: Costa Rica (409,0 US$), Mexique (265,7 US$), Guatemala (246,8 US$), Nicaragua (193,6 US$), Honduras (166,7 US$). La croissance de l'agriculture en Amérique centrale parmi les leaders: Nicaragua (4,2%), Honduras (3,8%), Guatemala (3,0%), Mexique (1,6%), Costa Rica (1,5%).

Les années 2010

L'agriculture de l'Amérique centrale était de 54,7 milliards de dollars par an dans les années 2010. La part dans le monde était de 1,7% et de 11,2% dans les Amériques.

La part de l'agriculture dans l'économie de l'Amérique centrale était de 4,1% dans les années 2010, à égalité avec l'Est (4,1%).

L'agriculture par habitant en Amérique centrale était de 325.9 dollars dans les années 2010, à égalité avec l'Angola (323,6 de dollars), la Bosnie-Herzégovine (323,4 de dollars), l'Azerbaïdjan (321,8 de dollars). L'agriculture par habitant en Amérique centrale était 24,6% inférieure l'agriculture par habitant au Monde (432,1 US$), et 34,7% inférieure l'agriculture par habitant dans les Amériques (498,8 US$).

La croissance de l'agriculture en Amérique centrale était de 2.4% dans les années 2010, à égalité avec le Mexique (2,4%), la Jamaïque (2,4%), le Nicaragua (2,4%). La croissance de l'agriculture en Amérique centrale (2,4%) a été inférieure à celle du monde (2,9%), et supérieure à celle des Amériques (2,2%).

Comparaison avec les sous-régions. La valeur de l'agriculture en Amérique centrale était 5,0 fois supérieure à celle des Caraïbes (10,9 milliards de dollars); mais 3,9 fois inférieure à celle de l'Amérique septentrionale (211,0 milliards de dollars) et 3,8 fois inférieure à celle de l'Amérique du Sud (209,5 milliards de dollars). L'agriculture par habitant en Amérique centrale était 23,7% supérieure à celle des Caraïbes (263,5 de dollars); mais 45,1% inférieure à celle de l'Amérique septentrionale (593,8 de dollars) et 36,2% inférieure à celle de l'Amérique du Sud (511,1 de dollars). La croissance de l'agriculture en Amérique centrale était supérieure à celle des Caraïbes (2,3%), de l'Amérique septentrionale (2,2%) et de l'Amérique du Sud (2,0%).

Les leaders. La valeur ajoutée de l'agriculture en Amérique centrale dans les années 2010 comprenait: Mexique (70,9%), Guatemala (10,9%), Costa Rica (4,8%), Honduras (4,6%), Nicaragua (3,5%), autres (5,3%). La part de l'agriculture dans l'économie des leaders: Nicaragua (17,9%), Honduras (12,7%), Guatemala (10,6%), Costa Rica (5,6%), Mexique (3,4%). L'agriculture par habitant en Amérique centrale parmi les leaders: Costa Rica (549,5 US$), Guatemala (369,4 US$), Mexique (320,3 US$), Nicaragua (307,5 US$), Honduras (278,8 US$). La croissance de l'agriculture en Amérique centrale parmi les leaders: Honduras (4,4%), Guatemala (2,9%), Nicaragua (2,4%), Mexique (2,4%), Costa Rica (2,0%).

Chapitre V. Industrie

Exploitation minière, fabrication, services publics (ISIC C-E)

Le secteur de l'industrie en Amérique centrale est passé de 29,0 milliards de dollars par an dans les années 1970 à 322,2 milliards de dollars par an dans les années 2010, c'est-à-dire 293,2 milliards de dollars ou de 11,1 fois. La variation a été de 232,5 milliards de dollars en raison de l'augmentation de 3,6 fois des prix, et de 28,2 milliards de dollars en raison de la croissance de productivité de 1,5 fois, et de 32,5 milliards de dollars en raison de la croissance démographique. La croissance annuelle moyenne de l'industrie était de 3,0%. La valeur minimale était de 13,6 milliards de dollars en 1970. La valeur maximale était de 354,2 milliards de dollars en 2014.

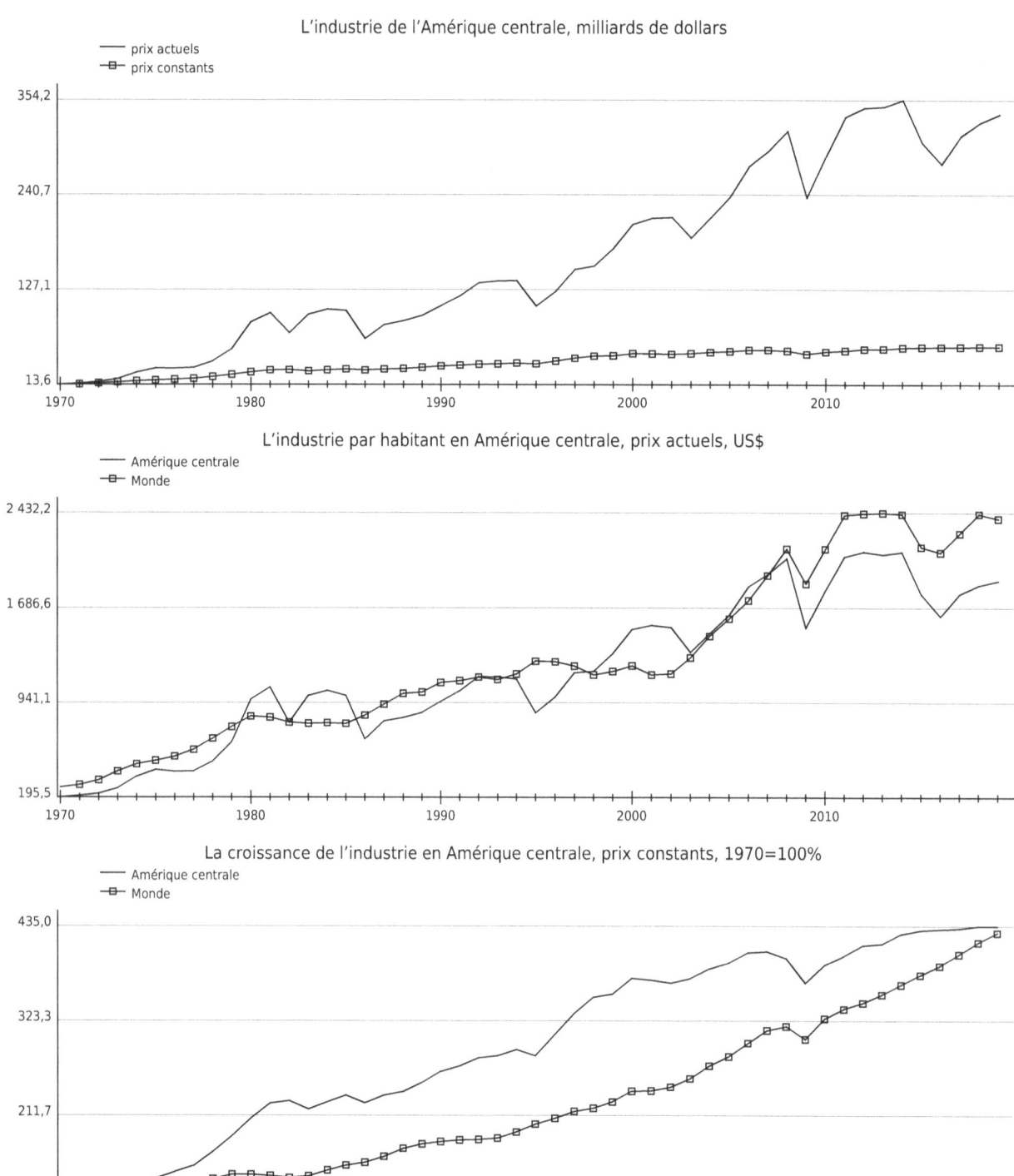

Chapitre V. Industrie

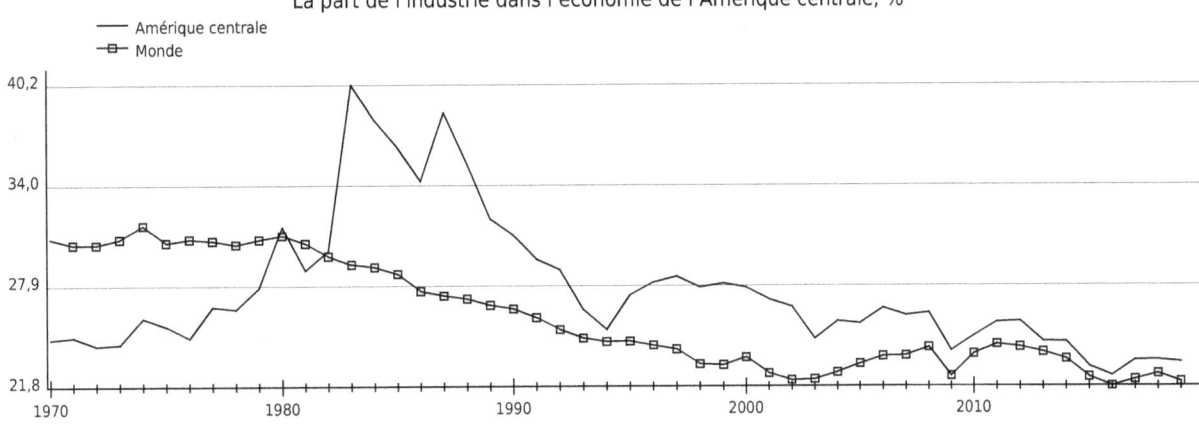
La part de l'industrie dans l'économie de l'Amérique centrale, %

Les années 1970

La valeur de l'industrie en Amérique centrale était de 29,0 milliards de dollars par an dans les années 1970 à égalité avec l'Australasie (29,4 milliards de dollars). La part dans le monde était de 1,5% et de 4,8% dans les Amériques.

La part de l'industrie dans l'économie de l'Amérique centrale était de 25,9% dans les années 1970, à égalité avec la Corée du Sud (25,9%), le Burkina Faso (25,9%), le Togo (25,9%).

L'industrie par habitant en Amérique centrale était de 367 dollars dans les années 1970, à égalité avec l'Amérique du Sud (367,3 de dollars), le Portugal (364,9 de dollars), l'Albanie (371,1 de dollars). L'industrie par habitant en Amérique centrale était 23,6% inférieure l'industrie par habitant au Monde (480,5 US$), et 3,0 fois inférieure l'industrie par habitant dans les Amériques (1 091,1 US$).

La croissance de l'industrie en Amérique centrale était de 7.2% dans les années 1970, à égalité avec la Norvège (7,2%), les Maldives (7,2%). La croissance de l'industrie en Amérique centrale (7,2%) a été supérieure à celle du monde (4,0%), et supérieure à celle des Amériques (3,2%).

Comparaison avec les sous-régions. L'industrie de l'Amérique centrale était supérieure à celle des Caraïbes (8,3 milliards de dollars); mais inférieure à celle de l'Amérique septentrionale (495,3 milliards de dollars) et de l'Amérique du Sud (78,3 milliards de dollars). L'industrie par habitant en Amérique centrale était supérieure à celle des Caraïbes (311,5 de dollars); mais inférieure à celle de l'Amérique septentrionale (2 053,6 de dollars) et de l'Amérique du Sud (367,3 de dollars). La croissance de l'industrie en Amérique centrale était supérieure à celle des Caraïbes (5,3%), de l'Amérique du Sud (5,1%) et de l'Amérique septentrionale (2,5%).

Les leaders. La valeur de l'industrie en Amérique centrale dans les années 1970 comprenait: Mexique (90,9%), Guatemala (2,4%), Costa Rica (2,0%), Nicaragua (1,4%), Panama (1,4%), autres (1,9%). La part de l'industrie dans l'économie des leaders: Mexique (26,6%), Costa Rica (23,9%), Guatemala (22,4%), Nicaragua (19,3%), Panama (18,3%). L'industrie par habitant en Amérique centrale parmi les leaders: Mexique (448,8 US$), Costa Rica (286,3 US$), Panama (228,8 US$), Nicaragua (145,5 US$), Guatemala (107,9 US$). La croissance de l'industrie en Amérique centrale parmi les leaders: Costa Rica (8,1%), Mexique (7,5%), Guatemala (6,8%), Panama (4,0%), Nicaragua (-2,7%).

Les années 1980

La valeur de l'industrie en Amérique centrale était de 90,4 milliards de dollars par an dans les années 1980. La part dans le monde était de 2,2% et de 6,5% dans les Amériques.

La part de l'industrie dans l'économie de l'Amérique centrale était de 34,2% dans les années 1980, à égalité avec l'Afrique du Nord (34,1%), la République dominicaine (34,5%), l'URSS (34,5%).

L'industrie par habitant en Amérique centrale était de 893.3 dollars dans les années 1980, à égalité avec les Bahamas (888,0 de dollars), Chypre (908,5 de dollars), la Barbade (909,0 de dollars). L'industrie par habitant en Amérique centrale était 3,6% supérieure l'industrie par habitant au Monde (861,8 US$), et 2,3 fois inférieure l'industrie par habitant dans les Amériques (2 085,6 US$).

La croissance de l'industrie en Amérique centrale était de 2.9% dans les années 1980, à égalité avec l'Australasie (2,9%), le Maroc (2,9%), les Tonga (3,0%). La croissance de l'industrie en Amérique centrale (2,9%) a été supérieure à celle du monde (2,3%), et supérieure à celle des Amériques (1,9%).

Comparaison avec les sous-régions. La valeur de l'industrie en Amérique centrale était supérieure à celle des Caraïbes (19,0 milliards de dollars); mais inférieure à celle de l'Amérique septentrionale (1,1 billions de dollars) et de l'Amérique du Sud (172,4 milliards de dollars). L'industrie par habitant en Amérique centrale était supérieure à celle de l'Amérique du Sud (650,3 de dollars) et des Caraïbes (618,5 de dollars); mais inférieure à celle de l'Amérique septentrionale (4 144,7 de dollars). La croissance de l'industrie en Amérique centrale était supérieure à celle des Caraïbes (2,9%), de l'Amérique septentrionale (1,9%) et de l'Amérique du Sud (1,2%).

Les leaders. L'industrie de l'Amérique centrale dans les années 1980 comprenait: Mexique (93,4%), Guatemala (1,7%), Costa Rica (1,4%), Panama (1,1%), Honduras (0,84%), autres (1,6%). La part de l'industrie dans l'économie des leaders: Mexique (35,9%), Costa Rica (27,0%), Guatemala (22,4%), Honduras (17,9%), Panama (17,0%). L'industrie par habitant en Amérique centrale parmi les leaders: Mexique (1 123,6 US$), Costa Rica (454,5 US$), Panama (435,8 US$), Guatemala (192,4 US$), Honduras (180,1 US$). La croissance de l'industrie en Amérique centrale parmi les leaders: Mexique (3,1%), Honduras (2,8%), Costa Rica (2,4%), Panama (0,99%), Guatemala (0,47%).

Les années 1990

Le secteur de l'industrie en Amérique centrale était de 135,3 milliards de dollars par an dans les années 1990 à égalité avec l'Asie du Sud (133,4 milliards de dollars), la Russie (138,6 milliards de dollars), le Canada (138,6 milliards de dollars). La part dans le monde était de 2,0% et de 6,5% dans les Amériques.

La part de l'industrie dans l'économie de l'Amérique centrale était de 27,9% dans les années 1990, à égalité avec l'Estonie (27,9%), la Mongolie (27,8%), la République dominicaine (27,8%).

L'industrie par habitant en Amérique centrale était de 1096.6 dollars dans les années 1990, à égalité avec l'Uruguay (1 089,4 de dollars), la Turquie (1 088,6 de dollars), la Croatie (1 081,1 de dollars). L'industrie par habitant en Amérique centrale était 6,7% inférieure l'industrie par habitant au Monde (1 175,6 US$), et 2,5 fois inférieure l'industrie par habitant dans les Amériques (2 704,1 US$).

La croissance de l'industrie en Amérique centrale était de 3.6% dans les années 1990, à égalité avec l'Égypte (3,5%), le Maroc (3,6%), l'Irak (3,6%). La croissance de l'industrie en Amérique centrale (3,6%) a été supérieure à celle du monde (2,5%), et supérieure à celle des Amériques (2,8%).

Comparaison avec les sous-régions. Le secteur de l'industrie en Amérique centrale était supérieur à celui des Caraïbes (32,4 milliards de dollars); mais inférieur à celui de l'Amérique septentrionale (1,6 billions de dollars) et de l'Amérique du Sud (270,8 milliards de dollars). L'industrie par habitant en Amérique centrale était supérieure à celle des Caraïbes (924,3 de dollars) et de l'Amérique du Sud (847,9 de dollars); mais inférieure à celle de l'Amérique septentrionale (5 611,9 de dollars). La croissance de l'industrie en Amérique centrale était supérieure à celle de l'Amérique septentrionale (2,8%), des Caraïbes (2,7%) et de l'Amérique du Sud (2,3%).

Les leaders. Le secteur de l'industrie en Amérique centrale dans les années 1990 comprenait: Mexique (93,0%), Costa Rica (1,8%), Guatemala (1,7%), Salvador (1,3%), Panama (0,97%), autres (1,3%). La part de l'industrie dans l'économie des leaders: Mexique (28,7%), Costa Rica (24,9%), Salvador (23,1%), Guatemala (20,8%), Panama (15,6%). L'industrie par habitant en Amérique centrale parmi les leaders: Mexique (1 384,8 US$), Costa Rica (690,8 US$), Panama (484,2 US$), Salvador (310,2 US$), Guatemala (225,8 US$). La croissance de l'industrie en Amérique centrale parmi les leaders: Salvador (7,4%), Panama (5,0%), Costa Rica (4,3%), Guatemala (3,9%), Mexique (3,5%).

Les années 2000

La valeur ajoutée de l'industrie en Amérique centrale était de 239,4 milliards de dollars par an dans les années 2000 à égalité avec la Corée du Sud (233,7 milliards de dollars). La part dans le monde était de 2,3% et de 7,8% dans les Amériques.

La part de l'industrie dans l'économie de l'Amérique centrale était de 26,0% dans les années 2000, à égalité avec l'Argentine (26,1%), le Bhoutan (26,2%).

L'industrie par habitant en Amérique centrale était de 1650.2 dollars dans les années 2000, à égalité avec le Botswana (1 651,7 de dollars), l'Est (1 629,7 de dollars), les Caraïbes (1 620,3 de dollars). L'industrie par habitant en Amérique centrale était 4,9% supérieure l'industrie par habitant au Monde (1 573,8 US$), et 2,1 fois inférieure l'industrie par habitant dans les Amériques (3 499,5 US$).

La croissance de l'industrie en Amérique centrale était de 0.4% dans les années 2000. La croissance de l'industrie en Amérique

Chapitre V. Industrie

centrale (0,35%) a été inférieure à celle du monde (2,9%), et inférieure à celle des Amériques (1,4%).

Comparaison avec les sous-régions. Le secteur de l'industrie en Amérique centrale était supérieur à celui des Caraïbes (62,5 milliards de dollars); mais inférieur à celui de l'Amérique septentrionale (2,3 billions de dollars) et de l'Amérique du Sud (426,5 milliards de dollars). L'industrie par habitant en Amérique centrale était supérieure à celle des Caraïbes (1 620,3 de dollars) et de l'Amérique du Sud (1 156,1 de dollars); mais inférieure à celle de l'Amérique septentrionale (7 195,7 de dollars). La croissance de l'industrie en Amérique centrale était inférieure à celle de l'Amérique du Sud (2,4%), des Caraïbes (1,4%) et de l'Amérique septentrionale (1,3%).

Les leaders. L'industrie de l'Amérique centrale dans les années 2000 comprenait: Mexique (92,8%), Guatemala (2,0%), Costa Rica (1,7%), Salvador (1,3%), Honduras (0,89%), autres (1,3%). La part de l'industrie dans l'économie des leaders: Mexique (26,7%), Salvador (22,7%), Honduras (22,0%), Costa Rica (21,6%), Guatemala (19,6%). L'industrie par habitant en Amérique centrale parmi les leaders: Mexique (2 105,9 US$), Costa Rica (983,8 US$), Salvador (508,0 US$), Guatemala (374,8 US$), Honduras (289,4 US$). La croissance de l'industrie en Amérique centrale parmi les leaders: Honduras (4,0%), Guatemala (2,4%), Costa Rica (1,5%), Salvador (0,88%), Mexique (0,15%).

Les années 2010

La valeur ajoutée de l'industrie en Amérique centrale était de 322,2 milliards de dollars par an dans les années 2010. La part dans le monde était de 1,9% et de 7,6% dans les Amériques.

La part de l'industrie dans l'économie de l'Amérique centrale était de 24,0% dans les années 2010, à égalité avec les Philippines (24,2%).

L'industrie par habitant en Amérique centrale était de 1921.1 dollars dans les années 2010, à égalité avec l'Andorre (1 916,1 de dollars), le Suriname (1 909,7 de dollars), l'Amérique du Sud (1 904,7 de dollars). L'industrie par habitant en Amérique centrale était 17,2% inférieure l'industrie par habitant au Monde (2 320,9 US$), et 2,3 fois inférieure l'industrie par habitant dans les Amériques (4 354,8 US$).

La croissance de l'industrie en Amérique centrale était de 1.7% dans les années 2010, à égalité avec l'Uruguay (1,7%). La croissance de l'industrie en Amérique centrale (1,7%) a été inférieure à celle du monde (3,5%), et inférieure à celle des Amériques (1,8%).

Comparaison avec les sous-régions. L'industrie de l'Amérique centrale était 3,5 fois supérieure à celle des Caraïbes (91,6 milliards de dollars); mais 9,5 fois inférieure à celle de l'Amérique septentrionale (3,0 billions de dollars) et 2,4 fois inférieure à celle de l'Amérique du Sud (780,8 milliards de dollars). L'industrie par habitant en Amérique centrale était 0,86% supérieure à celle de l'Amérique du Sud (1 904,7 de dollars); mais 4,5 fois inférieure à celle de l'Amérique septentrionale (8 579,1 de dollars) et 13,1% inférieure à celle des Caraïbes (2 210,1 de dollars). La croissance de l'industrie en Amérique centrale était supérieure à celle des Caraïbes (0,30%) et de l'Amérique du Sud (0,22%); mais inférieure à celle de l'Amérique septentrionale (2,2%).

Les leaders. L'industrie de l'Amérique centrale dans les années 2010 comprenait: Mexique (89,1%), Guatemala (3,3%), Costa Rica (2,5%), Panama (1,6%), Salvador (1,5%), autres (2,1%). La part de l'industrie dans l'économie des leaders: Mexique (25,3%), Salvador (22,3%), Guatemala (18,9%), Costa Rica (16,8%), Panama (10,4%). L'industrie par habitant en Amérique centrale parmi les leaders: Mexique (2 373,3 US$), Costa Rica (1 658,1 US$), Panama (1 286,5 US$), Salvador (741,9 US$), Guatemala (660,3 US$). La croissance de l'industrie en Amérique centrale parmi les leaders: Panama (7,0%), Guatemala (3,0%), Costa Rica (2,0%), Salvador (1,9%), Mexique (1,5%).

Chapitre 5.1. Fabrication

(ISIC D)

La valeur ajoutée de l'industrie de transformation en Amérique centrale est passé de 22,1 milliards de dollars par an dans les années 1970 à 224,6 milliards de dollars par an dans les années 2010, c'est-à-dire 202,5 milliards de dollars ou de 10,2 fois. La variation a été de 157,5 milliards de dollars en raison de l'augmentation de 3,3 fois des prix, et de 20,2 milliards de dollars en raison de la croissance de productivité de 1,4 fois, et de 24,8 milliards de dollars en raison de la croissance démographique. La croissance annuelle moyenne de la fabrication était de 3,1%. La valeur minimale était de 10,7 milliards de dollars en 1970. La valeur maximale était de 250,5 milliards de dollars en 2019.

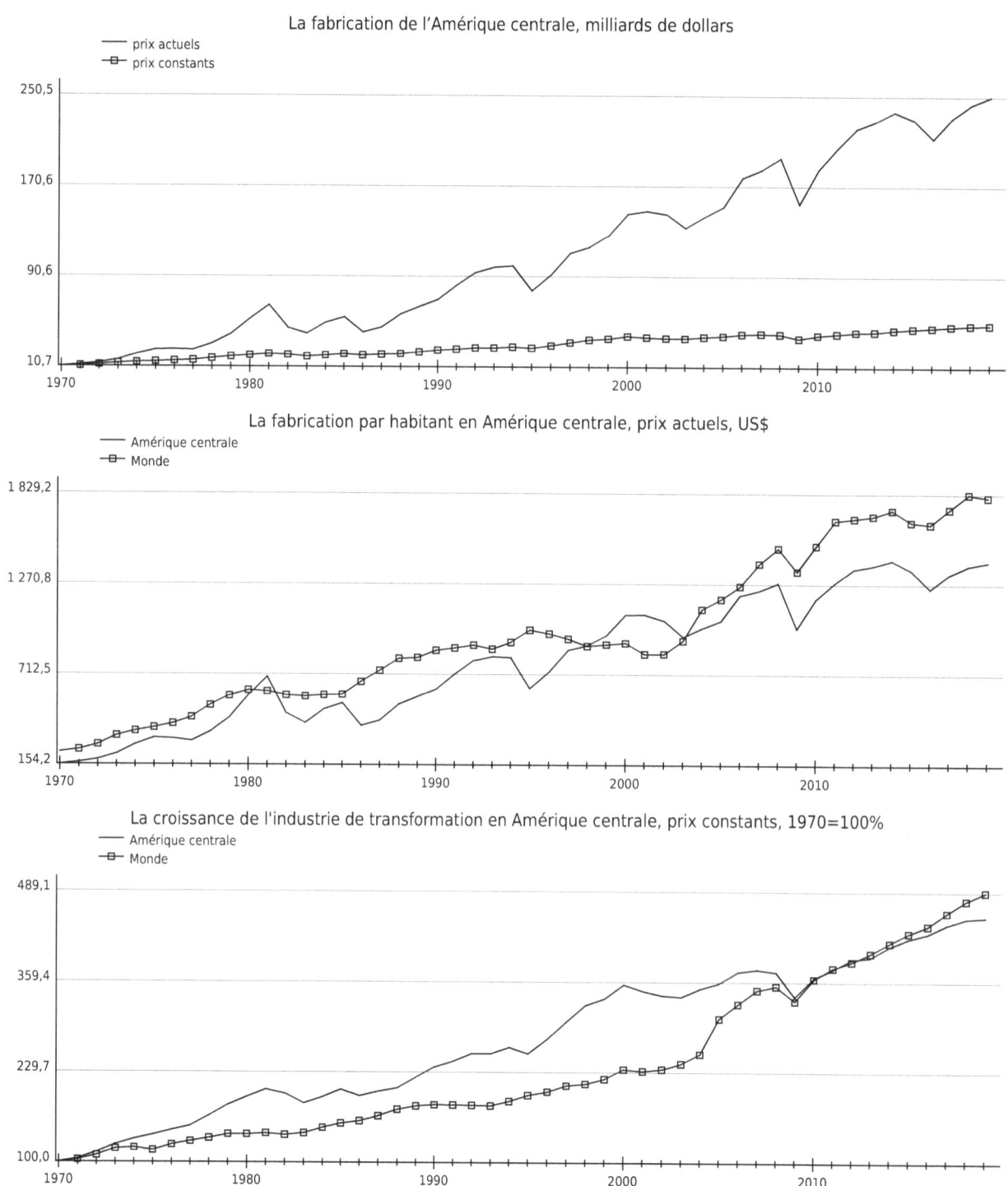

Chapitre 5.1. Fabrication

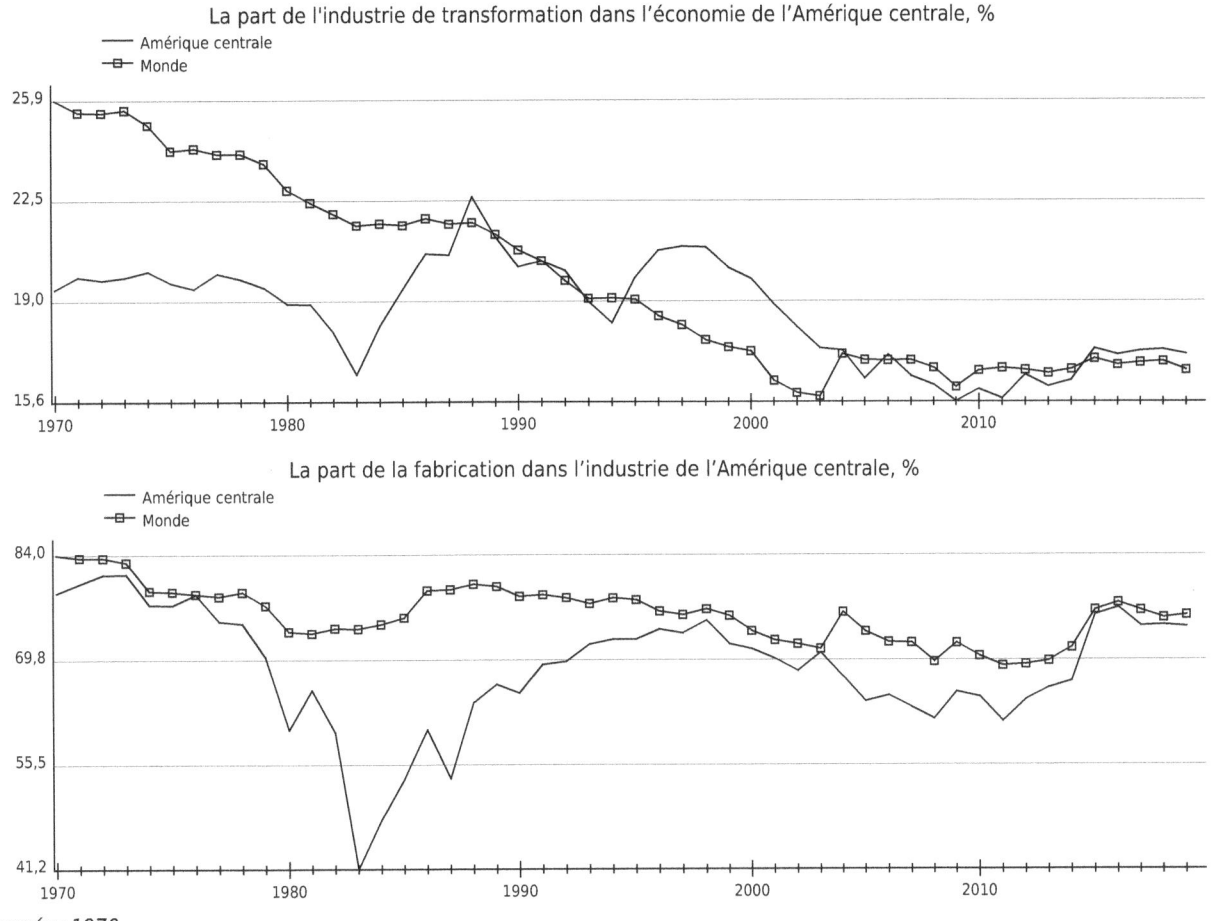

Les années 1970

La valeur ajoutée de la fabrication en Amérique centrale était de 22,1 milliards de dollars par an dans les années 1970 à égalité avec l'Océanie (21,8 milliards de dollars). La part dans le monde était de 1,4% et de 4,4% dans les Amériques.

La part de la fabrication dans l'économie de l'Amérique centrale était de 19,7% dans les années 1970, à égalité avec le Guyana (19,7%), Hong Kong (19,7%), le Zimbabwe (19,8%).

La fabrication par habitant en Amérique centrale était de 279.6 dollars dans les années 1970, à égalité avec le Brésil (278,8 de dollars), l'Afrique du Sud (282,8 de dollars), la République dominicaine (273,2 de dollars). La fabrication par habitant en Amérique centrale était 27,0% inférieure la fabrication par habitant au Monde (383,2 US$), et 3,2 fois inférieure la fabrication par habitant dans les Amériques (896,7 US$).

La croissance de la fabrication en Amérique centrale était de 6.9% dans les années 1970, à égalité avec la Barbade (6,9%), Sao Tomé-et-Principe (7,0%), la République dominicaine (7,0%). La croissance de la fabrication en Amérique centrale (6,9%) a été supérieure à celle du monde (3,8%), et supérieure à celle des Amériques (3,6%).

Comparaison avec les sous-régions. La valeur de l'industrie de transformation en Amérique centrale était supérieure à celle des Caraïbes (6,5 milliards de dollars); mais inférieure à celle de l'Amérique septentrionale (409,6 milliards de dollars) et de l'Amérique du Sud (63,8 milliards de dollars). La fabrication par habitant en Amérique centrale était supérieure à celle des Caraïbes (245,5 de dollars); mais inférieure à celle de l'Amérique septentrionale (1 698,2 de dollars) et de l'Amérique du Sud (299,4 de dollars). La croissance de la fabrication en Amérique centrale était supérieure à celle des Caraïbes (6,3%), de l'Amérique du Sud (5,9%) et de l'Amérique septentrionale (2,8%).

Les leaders. La valeur ajoutée de la fabrication en Amérique centrale dans les années 1970 comprenait: Mexique (89,2%), Guatemala (2,8%), Costa Rica (2,5%), Nicaragua (1,6%), Panama (1,6%), autres (2,3%). La part de la fabrication dans l'économie des leaders: Costa Rica (21,9%), Mexique (19,9%), Guatemala (19,9%), Nicaragua (17,3%), Panama (16,3%). La fabrication par habitant en Amérique centrale parmi les leaders: Mexique (335,7 US$), Costa Rica (262,3 US$), Panama (203,7 US$), Nicaragua (130,5 US$), Guatemala (95,8 US$). La croissance de la fabrication en Amérique centrale parmi les leaders: Costa Rica (8,2%), Mexique (7,1%),

Guatemala (6,3%), Panama (3,4%), Nicaragua (0,90%).

Les années 1980

Le secteur de la fabrication en Amérique centrale était de 51,5 milliards de dollars par an dans les années 1980 à égalité avec l'Espagne (52,0 milliards de dollars). La part dans le monde était de 1,6% et de 4,9% dans les Amériques.

La part de l'industrie de transformation dans l'économie de l'Amérique centrale était de 19,5% dans les années 1980, à égalité avec les Amériques (19,6%), le Guatemala (19,7%), le Mexique (19,7%).

La fabrication par habitant en Amérique centrale était de 509 dollars dans les années 1980, à égalité avec l'Andorre (509,0 de dollars), le Paraguay (507,9 de dollars), la Bulgarie (510,5 de dollars). La fabrication par habitant en Amérique centrale était 23,0% inférieure la fabrication par habitant au Monde (661,2 US$), et 3,1 fois inférieure la fabrication par habitant dans les Amériques (1 597,5 US$).

La croissance de la fabrication en Amérique centrale était de 2% dans les années 1980, à égalité avec le Bangladesh (2,0%), la république démocratique du Congo (2,0%), le Costa Rica (2,0%). La croissance de l'industrie de transformation en Amérique centrale (2,0%) a été inférieure à celle du monde (2,6%), et supérieure à celle des Amériques (1,8%).

Comparaison avec les sous-régions. La valeur de l'industrie de transformation en Amérique centrale était supérieure à celle des Caraïbes (15,3 milliards de dollars); mais inférieure à celle de l'Amérique septentrionale (854,3 milliards de dollars) et de l'Amérique du Sud (136,8 milliards de dollars). La fabrication par habitant en Amérique centrale était supérieure à celle des Caraïbes (497,2 de dollars); mais inférieure à celle de l'Amérique septentrionale (3 220,6 de dollars) et de l'Amérique du Sud (516,2 de dollars). La croissance de la fabrication en Amérique centrale était supérieure à celle de l'Amérique septentrionale (1,9%) et de l'Amérique du Sud (1,1%); mais inférieure à celle des Caraïbes (3,2%).

Les leaders. La fabrication de l'Amérique centrale dans les années 1980 comprenait: Mexique (89,9%), Guatemala (2,7%), Costa Rica (2,1%), Panama (1,5%), Honduras (1,3%), autres (2,5%). La part de la fabrication dans l'économie des leaders: Costa Rica (23,9%), Mexique (19,7%), Guatemala (19,7%), Honduras (16,2%), Panama (13,6%). La fabrication par habitant en Amérique centrale parmi les leaders: Mexique (616,4 US$), Costa Rica (401,8 US$), Panama (350,2 US$), Guatemala (168,6 US$), Honduras (162,5 US$). La croissance de la fabrication en Amérique centrale parmi les leaders: Honduras (2,4%), Mexique (2,2%), Costa Rica (2,0%), Guatemala (0,19%), Panama (-0,025%).

Les années 1990

La valeur ajoutée de la fabrication en Amérique centrale était de 97,1 milliards de dollars par an dans les années 1990 à égalité avec le Canada (97,8 milliards de dollars), l'Espagne (99,3 milliards de dollars). La part dans le monde était de 1,9% et de 5,8% dans les Amériques.

La part de l'industrie de transformation dans l'économie de l'Amérique centrale était de 20,0% dans les années 1990, à égalité avec le Honduras (20,0%), l'Afrique australe (20,0%), l'Europe (19,9%).

La fabrication par habitant en Amérique centrale était de 786.6 dollars dans les années 1990, à égalité avec les Caraïbes (791,2 de dollars), le Chili (781,8 de dollars), la Hongrie (772,2 de dollars). La fabrication par habitant en Amérique centrale était 13,4% inférieure la fabrication par habitant au Monde (908,4 US$), et 2,8 fois inférieure la fabrication par habitant dans les Amériques (2 172,9 US$).

La croissance de l'industrie de transformation en Amérique centrale était de 4.2% dans les années 1990, à égalité avec le Mexique (4,2%), la Mauritanie (4,3%). La croissance de l'industrie de transformation en Amérique centrale (4,2%) a été supérieure à celle du monde (2,0%), et supérieure à celle des Amériques (3,0%).

Comparaison avec les sous-régions. La fabrication de l'Amérique centrale était supérieure à celle des Caraïbes (27,7 milliards de dollars); mais inférieure à celle de l'Amérique septentrionale (1,3 billions de dollars) et de l'Amérique du Sud (208,6 milliards de dollars). La fabrication par habitant en Amérique centrale était supérieure à celle de l'Amérique du Sud (653,1 de dollars); mais inférieure à celle de l'Amérique septentrionale (4 574,3 de dollars) et des Caraïbes (791,2 de dollars). La croissance de la fabrication en Amérique centrale était supérieure à celle de l'Amérique septentrionale (3,2%), des Caraïbes (2,7%) et de l'Amérique du Sud (1,4%).

Les leaders. La valeur de la fabrication en Amérique centrale dans les années 1990 comprenait: Mexique (91,7%), Costa Rica (2,1%), Guatemala (2,0%), Salvador (1,6%), Panama (1,0%), autres (1,5%). La part de l'industrie de transformation dans l'économie des

Chapitre 5.1. Fabrication

leaders: Costa Rica (21,3%), Salvador (20,7%), Mexique (20,3%), Guatemala (17,4%), Panama (11,9%). La fabrication par habitant en Amérique centrale parmi les leaders: Mexique (979,6 US$), Costa Rica (592,3 US$), Panama (370,8 US$), Salvador (278,6 US$), Guatemala (188,7 US$). La croissance de l'industrie de transformation en Amérique centrale parmi les leaders: Salvador (7,0%), Panama (4,8%), Mexique (4,2%), Costa Rica (4,0%), Guatemala (2,8%).

Les années 2000

Le secteur de l'industrie de transformation en Amérique centrale était de 158,5 milliards de dollars par an dans les années 2000. La part dans le monde était de 2,1% et de 7,0% dans les Amériques.

La part de la fabrication dans l'économie de l'Amérique centrale était de 17,2% dans les années 2000, à égalité avec la Colombie (17,2%), l'Afrique du Sud (17,2%), la Belgique (17,2%).

La fabrication par habitant en Amérique centrale était de 1092.6 dollars dans les années 2000, à égalité avec la Polynésie française (1 084,6 de dollars). La fabrication par habitant en Amérique centrale était 4,0% inférieure la fabrication par habitant au Monde (1 138,1 US$), et 2,4 fois inférieure la fabrication par habitant dans les Amériques (2 583,7 US$).

La croissance de l'industrie de transformation en Amérique centrale était de 0.1% dans les années 2000. La croissance de la fabrication en Amérique centrale (0,090%) a été inférieure à celle du monde (4,2%), et inférieure à celle des Amériques (1,4%).

Comparaison avec les sous-régions. La valeur de la fabrication en Amérique centrale était supérieure à celle des Caraïbes (52,5 milliards de dollars); mais inférieure à celle de l'Amérique septentrionale (1,8 billions de dollars) et de l'Amérique du Sud (268,6 milliards de dollars). La fabrication par habitant en Amérique centrale était supérieure à celle de l'Amérique du Sud (728,1 de dollars); mais inférieure à celle de l'Amérique septentrionale (5 491,1 de dollars) et des Caraïbes (1 361,4 de dollars). La croissance de l'industrie de transformation en Amérique centrale était inférieure à celle de l'Amérique du Sud (2,5%), des Caraïbes (1,6%) et de l'Amérique septentrionale (1,3%).

Les leaders. La valeur ajoutée de la fabrication en Amérique centrale dans les années 2000 comprenait: Mexique (91,2%), Guatemala (2,4%), Costa Rica (2,2%), Salvador (1,6%), Honduras (1,2%), autres (1,4%). La part de l'industrie de transformation dans l'économie des leaders: Honduras (19,5%), Salvador (19,0%), Costa Rica (18,1%), Mexique (17,4%), Guatemala (15,2%). La fabrication par habitant en Amérique centrale parmi les leaders: Mexique (1 370,6 US$), Costa Rica (823,2 US$), Salvador (423,8 US$), Guatemala (291,4 US$), Honduras (256,8 US$). La croissance de la fabrication en Amérique centrale parmi les leaders: Honduras (3,8%), Guatemala (2,2%), Costa Rica (1,1%), Salvador (0,14%), Mexique (-0,11%).

Les années 2010

La valeur ajoutée de l'industrie de transformation en Amérique centrale était de 224,6 milliards de dollars par an dans les années 2010. La part dans le monde était de 1,8% et de 7,4% dans les Amériques.

La part de l'industrie de transformation dans l'économie de l'Amérique centrale était de 16,8% dans les années 2010, à égalité avec l'Inde (16,8%), le Cambodge (16,8%), le Monde (16,8%).

La fabrication par habitant en Amérique centrale était de 1339 dollars dans les années 2010, à égalité avec le Costa Rica (1 324,0 de dollars). La fabrication par habitant en Amérique centrale était 21,1% inférieure la fabrication par habitant au Monde (1 697,4 US$), et 2,3 fois inférieure la fabrication par habitant dans les Amériques (3 100,6 US$).

La croissance de la fabrication en Amérique centrale était de 2.9% dans les années 2010, à égalité avec l'Eswatini (2,9%), la Grenade (3,0%), le Mexique (3,0%). La croissance de l'industrie de transformation en Amérique centrale (2,9%) a été inférieure à celle du monde (3,9%), et supérieure à celle des Amériques (1,6%).

Comparaison avec les sous-régions. La valeur ajoutée de l'industrie de transformation en Amérique centrale était 2,9 fois supérieure à celle des Caraïbes (78,1 milliards de dollars); mais 10,0 fois inférieure à celle de l'Amérique septentrionale (2,2 billions de dollars) et 2,1 fois inférieure à celle de l'Amérique du Sud (480,0 milliards de dollars). La fabrication par habitant en Amérique centrale était 14,4% supérieure à celle de l'Amérique du Sud (1 170,9 de dollars); mais 4,7 fois inférieure à celle de l'Amérique septentrionale (6 299,1 de dollars) et 29,0% inférieure à celle des Caraïbes (1 885,7 de dollars). La croissance de l'industrie de transformation en Amérique centrale était supérieure à celle de l'Amérique septentrionale (1,9%), des Caraïbes (0,042%) et de l'Amérique du Sud (-0,63%).

Les leaders. Le secteur de l'industrie de transformation en Amérique centrale dans les années 2010 comprenait: Mexique (88,0%),

Guatemala (3,8%), Costa Rica (2,8%), Salvador (1,7%), Honduras (1,6%), autres (2,2%). La part de la fabrication dans l'économie des leaders: Salvador (17,7%), Honduras (17,6%), Mexique (17,4%), Guatemala (15,0%), Costa Rica (13,4%). La fabrication par habitant en Amérique centrale parmi les leaders: Mexique (1 633,1 US$), Costa Rica (1 324,0 US$), Salvador (587,6 US$), Guatemala (524,9 US$), Honduras (388,1 US$). La croissance de l'industrie de transformation en Amérique centrale parmi les leaders: Honduras (3,4%), Guatemala (3,2%), Mexique (3,0%), Costa Rica (2,0%), Salvador (1,8%).

Chapitre VI. Construction

(ISIC F)

La valeur de la construction en Amérique centrale est passé de 9,0 milliards de dollars par an dans les années 1970 à 105,6 milliards de dollars par an dans les années 2010, c'est-à-dire 96,6 milliards de dollars ou de 11,8 fois. La variation a été de 84,1 milliards de dollars en raison de l'augmentation de 4,9 fois des prix, et de 2,5 milliards de dollars en raison de la croissance de productivité de 1,1 fois, et de 10,1 milliards de dollars en raison de la croissance démographique. La croissance annuelle moyenne de la construction était de 2,4%. La valeur minimale était de 3,8 milliards de dollars en 1971. La valeur maximale était de 120,7 milliards de dollars en 2019.

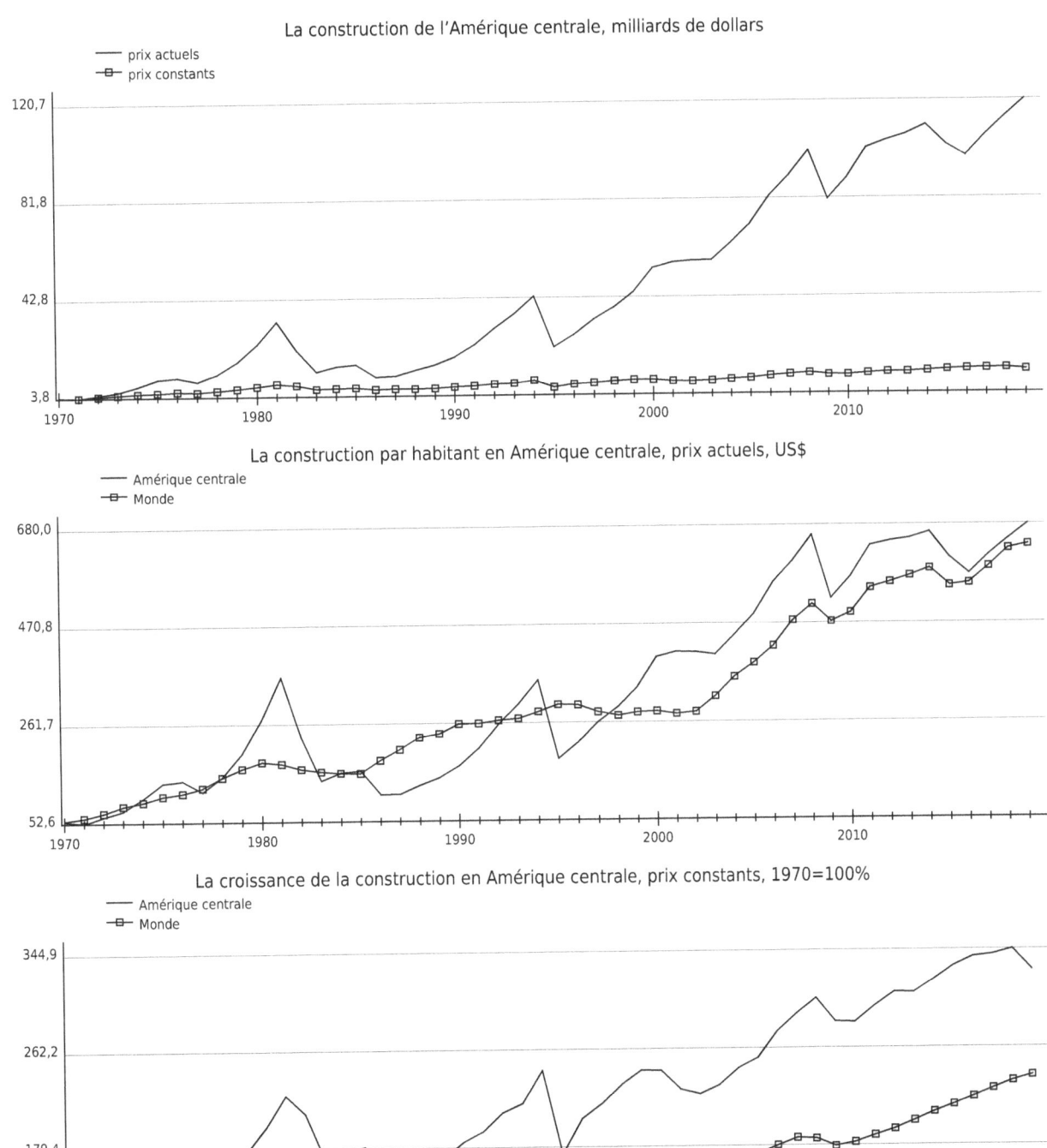

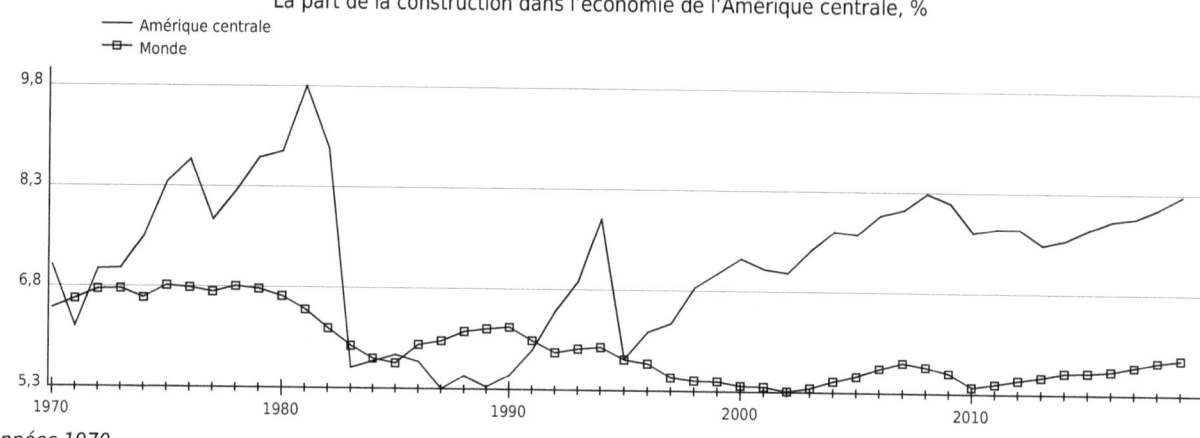

La part de la construction dans l'économie de l'Amérique centrale, %

Les années 1970

Le secteur de la construction en Amérique centrale était de 9,0 milliards de dollars par an dans les années 1970 à égalité avec l'Océanie (8,9 milliards de dollars). La part dans le monde était de 2,1% et de 7,4% dans les Amériques.

La part de la construction dans l'économie de l'Amérique centrale était de 8,0% dans les années 1970, à égalité avec la Grèce (8,0%), le Japon (8,0%), l'Europe (7,9%).

La construction par habitant en Amérique centrale était de 113.4 dollars dans les années 1970, à égalité avec le Suriname (113,2 de dollars), l'Albanie (111,8 de dollars), d'Anguilla (110,8 de dollars). La construction par habitant en Amérique centrale était 6,9% supérieure la construction par habitant au Monde (106,1 US$), et 47,9% inférieure la construction par habitant dans les Amériques (217,5 US$).

La croissance de la construction en Amérique centrale était de 6.5% dans les années 1970, à égalité avec le Mexique (6,4%), l'URSS (6,5%), la Birmanie (6,5%). La croissance de la construction en Amérique centrale (6,5%) a été supérieure à celle du monde (2,1%), et supérieure à celle des Amériques (1,5%).

Comparaison avec les sous-régions. La valeur ajoutée de la construction en Amérique centrale était supérieure à celle des Caraïbes (2,2 milliards de dollars); mais inférieure à celle de l'Amérique septentrionale (93,3 milliards de dollars) et de l'Amérique du Sud (17,3 milliards de dollars). La construction par habitant en Amérique centrale était supérieure à celle des Caraïbes (84,1 de dollars) et de l'Amérique du Sud (81,0 de dollars); mais inférieure à celle de l'Amérique septentrionale (386,9 de dollars). La croissance de la construction en Amérique centrale était supérieure à celle des Caraïbes (2,6%) et de l'Amérique septentrionale (0,50%); mais inférieure à celle de l'Amérique du Sud (7,3%).

Les leaders. La valeur ajoutée de la construction en Amérique centrale dans les années 1970 comprenait: Mexique (92,8%), Costa Rica (2,1%), Nicaragua (1,3%), Panama (1,1%), Guatemala (1,0%), autres (1,7%). La part de la construction dans l'économie des leaders: Mexique (8,4%), Costa Rica (7,6%), Nicaragua (5,7%), Panama (4,5%), Guatemala (3,0%). La construction par habitant en Amérique centrale parmi les leaders: Mexique (141,6 US$), Costa Rica (90,7 US$), Panama (55,8 US$), Nicaragua (42,7 US$), Guatemala (14,3 US$). La croissance de la construction en Amérique centrale parmi les leaders: Guatemala (14,3%), Costa Rica (11,5%), Mexique (6,4%), Panama (4,6%), Nicaragua (-11,7%).

Les années 1980

La valeur ajoutée de la construction en Amérique centrale était de 18,0 milliards de dollars par an dans les années 1980. La part dans le monde était de 2,0% et de 6,9% dans les Amériques.

La part de la construction dans l'économie de l'Amérique centrale était de 6,8% dans les années 1980, à égalité avec le Botswana (6,8%), la Roumanie (6,9%).

La construction par habitant en Amérique centrale était de 178 dollars dans les années 1980, à égalité avec l'Argentine (177,3 de dollars), la Hongrie (175,9 de dollars), la Corée du Sud (180,7 de dollars). La construction par habitant en Amérique centrale était 4,4% inférieure la construction par habitant au Monde (186,2 US$), et 2,2 fois inférieure la construction par habitant dans les Amériques (396,8 US$).

La croissance de la construction en Amérique centrale était de -0.4% dans les années 1980. La croissance de la construction en

Chapitre VI. Construction

Amérique centrale (-0,36%) a été inférieure à celle du monde (1,7%), et inférieure à celle des Amériques (0,83%).

Comparaison avec les sous-régions. La construction de l'Amérique centrale était supérieure à celle des Caraïbes (4,4 milliards de dollars); mais inférieure à celle de l'Amérique septentrionale (205,0 milliards de dollars) et de l'Amérique du Sud (35,4 milliards de dollars). La construction par habitant en Amérique centrale était supérieure à celle des Caraïbes (143,1 de dollars) et de l'Amérique du Sud (133,6 de dollars); mais inférieure à celle de l'Amérique septentrionale (772,7 de dollars). La croissance de la construction en Amérique centrale était supérieure à celle de l'Amérique du Sud (-1,6%); mais inférieure à celle des Caraïbes (3,4%) et de l'Amérique septentrionale (1,3%).

Les leaders. La construction de l'Amérique centrale dans les années 1980 comprenait: Mexique (93,4%), Honduras (1,4%), Costa Rica (1,3%), Guatemala (1,3%), Panama (0,95%), autres (1,6%). La part de la construction dans l'économie des leaders: Mexique (7,1%), Honduras (6,0%), Costa Rica (5,2%), Guatemala (3,3%), Panama (3,0%). La construction par habitant en Amérique centrale parmi les leaders: Mexique (224,0 US$), Costa Rica (88,2 US$), Panama (78,1 US$), Honduras (59,9 US$), Guatemala (28,2 US$). La croissance de la construction en Amérique centrale parmi les leaders: Honduras (3,1%), Mexique (-0,25%), Costa Rica (-1,7%), Guatemala (-2,5%), Panama (-13,6%).

Les années 1990

Le secteur de la construction en Amérique centrale était de 32,1 milliards de dollars par an dans les années 1990 à égalité avec le Canada (31,8 milliards de dollars). La part dans le monde était de 2,0% et de 7,4% dans les Amériques.

La part de la construction dans l'économie de l'Amérique centrale était de 6,6% dans les années 1990, à égalité avec l'Arabie saoudite (6,6%), les Îles Caïmans (6,6%), la Suisse (6,6%).

La construction par habitant en Amérique centrale était de 259.9 dollars dans les années 1990, à égalité avec l'Asie de l'Ouest (261,7 de dollars), la Turquie (255,0 de dollars). La construction par habitant en Amérique centrale était 6,7% inférieure la construction par habitant au Monde (278,6 US$), et 2,2 fois inférieure la construction par habitant dans les Amériques (564,1 US$).

La croissance de la construction en Amérique centrale était de 3.7% dans les années 1990, à égalité avec les Émirats arabes unis (3,7%). La croissance de la construction en Amérique centrale (3,7%) a été supérieure à celle du monde (0,71%), et supérieure à celle des Amériques (1,8%).

Comparaison avec les sous-régions. Le secteur de la construction en Amérique centrale était supérieur à celui des Caraïbes (6,2 milliards de dollars); mais inférieur à celui de l'Amérique septentrionale (331,2 milliards de dollars) et de l'Amérique du Sud (65,7 milliards de dollars). La construction par habitant en Amérique centrale était supérieure à celle de l'Amérique du Sud (205,6 de dollars) et des Caraïbes (177,3 de dollars); mais inférieure à celle de l'Amérique septentrionale (1 128,2 de dollars). La croissance de la construction en Amérique centrale était supérieure à celle de l'Amérique du Sud (2,1%), de l'Amérique septentrionale (1,6%) et des Caraïbes (0,11%).

Les leaders. La valeur de la construction en Amérique centrale dans les années 1990 comprenait: Mexique (93,8%), Guatemala (1,4%), Costa Rica (1,3%), Salvador (1,1%), Honduras (0,90%), autres (1,5%). La part de la construction dans l'économie des leaders: Mexique (6,9%), Honduras (6,4%), Salvador (4,6%), Costa Rica (4,3%), Guatemala (4,1%). La construction par habitant en Amérique centrale parmi les leaders: Mexique (331,2 US$), Costa Rica (118,4 US$), Salvador (61,5 US$), Honduras (50,9 US$), Guatemala (44,0 US$). La croissance de la construction en Amérique centrale parmi les leaders: Salvador (9,8%), Guatemala (5,1%), Costa Rica (4,1%), Mexique (3,4%), Honduras (0,87%).

Les années 2000

La construction de l'Amérique centrale était de 71,6 milliards de dollars par an dans les années 2000. La part dans le monde était de 2,9% et de 8,8% dans les Amériques.

La part de la construction dans l'économie de l'Amérique centrale était de 7,8% dans les années 2000, à égalité avec l'Europe du Sud (7,7%), l'Irlande (7,7%), le Turkménistan (7,7%).

La construction par habitant en Amérique centrale était de 493.5 dollars dans les années 2000, à égalité avec le Brunei (493,5 de dollars), la Libye (494,5 de dollars), la Polynésie (497,9 de dollars). La construction par habitant en Amérique centrale était 29,4% supérieure la construction par habitant au Monde (381,3 US$), et 47,0% inférieure la construction par habitant dans les Amériques (931,0 US$).

La croissance de la construction en Amérique centrale était de 1.5% dans les années 2000, à égalité avec le Monde (1,5%). La croissance de la construction en Amérique centrale (1,5%) a été inférieure à celle du monde (1,5%), et supérieure à celle des Amériques (-0,96%).

Comparaison avec les sous-régions. Le secteur de la construction en Amérique centrale était supérieur à celui des Caraïbes (12,0 milliards de dollars); mais inférieur à celui de l'Amérique septentrionale (647,3 milliards de dollars) et de l'Amérique du Sud (87,1 milliards de dollars). La construction par habitant en Amérique centrale était supérieure à celle des Caraïbes (311,9 de dollars) et de l'Amérique du Sud (236,2 de dollars); mais inférieure à celle de l'Amérique septentrionale (1 985,0 de dollars). La croissance de la construction en Amérique centrale était supérieure à celle de l'Amérique septentrionale (-2,1%); mais inférieure à celle de l'Amérique du Sud (3,5%) et des Caraïbes (2,0%).

Les leaders. Le secteur de la construction en Amérique centrale dans les années 2000 comprenait: Mexique (93,0%), Guatemala (1,9%), Panama (1,4%), Costa Rica (1,4%), Salvador (1,00%), autres (1,3%). La part de la construction dans l'économie des leaders: Mexique (8,0%), Panama (6,3%), Guatemala (5,4%), Salvador (5,3%), Costa Rica (5,2%). La construction par habitant en Amérique centrale parmi les leaders: Mexique (631,4 US$), Panama (308,3 US$), Costa Rica (235,7 US$), Salvador (118,1 US$), Guatemala (102,9 US$). La croissance de la construction en Amérique centrale parmi les leaders: Panama (7,9%), Costa Rica (7,7%), Salvador (2,8%), Mexique (1,3%), Guatemala (0,58%).

Les années 2010

La valeur de la construction en Amérique centrale était de 105,6 milliards de dollars par an dans les années 2010 à égalité avec le Brésil (107,3 milliards de dollars). La part dans le monde était de 2,5% et de 9,1% dans les Amériques.

La part de la construction dans l'économie de l'Amérique centrale était de 7,9% dans les années 2010, à égalité avec le Sri Lanka (7,9%), le Mexique (7,8%), le Ghana (7,8%).

La construction par habitant en Amérique centrale était de 629.5 dollars dans les années 2010, à égalité avec la Roumanie (627,1 de dollars), le Kazakhstan (640,9 de dollars), l'Équateur (644,0 de dollars). La construction par habitant en Amérique centrale était 10,0% supérieure la construction par habitant au Monde (572,1 US$), et 47,1% inférieure la construction par habitant dans les Amériques (1 189,0 US$).

La croissance de la construction en Amérique centrale était de 1.4% dans les années 2010, à égalité avec les États-Unis (1,4%). La croissance de la construction en Amérique centrale (1,4%) a été inférieure à celle du monde (2,9%), et supérieure à celle des Amériques (1,3%).

Comparaison avec les sous-régions. La construction de l'Amérique centrale était 5,1 fois supérieure à celle des Caraïbes (20,6 milliards de dollars); mais 7,6 fois inférieure à celle de l'Amérique septentrionale (805,6 milliards de dollars) et 2,1 fois inférieure à celle de l'Amérique du Sud (226,9 milliards de dollars). La construction par habitant en Amérique centrale était 13,7% supérieure à celle de l'Amérique du Sud (553,5 de dollars) et 26,6% supérieure à celle des Caraïbes (497,1 de dollars); mais 3,6 fois inférieure à celle de l'Amérique septentrionale (2 266,6 de dollars). La croissance de la construction en Amérique centrale était supérieure à celle de l'Amérique du Sud (0,13%); mais inférieure à celle des Caraïbes (3,9%) et de l'Amérique septentrionale (1,6%).

Les leaders. Le secteur de la construction en Amérique centrale dans les années 2010 comprenait: Mexique (84,2%), Panama (7,9%), Guatemala (2,7%), Costa Rica (2,3%), Salvador (1,2%), autres (1,7%). La part de la construction dans l'économie des leaders: Panama (17,2%), Mexique (7,8%), Salvador (5,8%), Costa Rica (5,2%), Guatemala (5,0%). La construction par habitant en Amérique centrale parmi les leaders: Panama (2 129,1 US$), Mexique (734,6 US$), Costa Rica (510,7 US$), Salvador (193,9 US$), Guatemala (174,5 US$). La croissance de la construction en Amérique centrale parmi les leaders: Panama (13,4%), Salvador (4,1%), Guatemala (1,7%), Mexique (0,53%), Costa Rica (-0,74%).

Chapitre VII. Transport

Transport et stockage (ISIC I)

Le secteur du transport en Amérique centrale est passé de 6,5 milliards de dollars par an dans les années 1970 à 116,8 milliards de dollars par an dans les années 2010, c'est-à-dire 110,3 milliards de dollars ou de 17,9 fois. La variation a été de 80,3 milliards de dollars en raison de l'augmentation de 3,2 fois des prix, et de 22,7 milliards de dollars en raison de la croissance de productivité de 2,6 fois, et de 7,3 milliards de dollars en raison de la croissance démographique. La croissance annuelle moyenne du transport était de 5,0%. La valeur minimale était de 2,7 milliards de dollars en 1970. La valeur maximale était de 127,4 milliards de dollars en 2014.

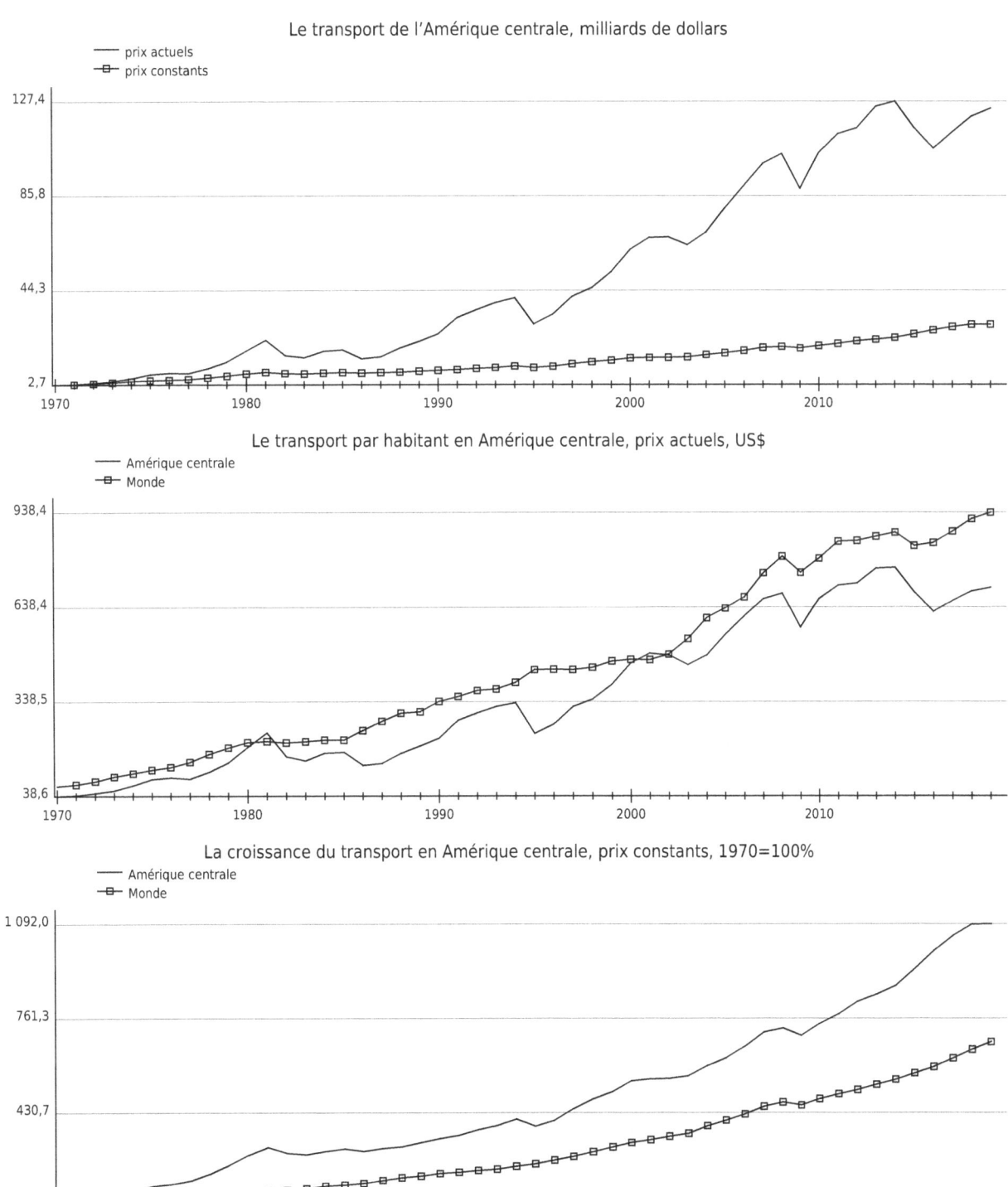

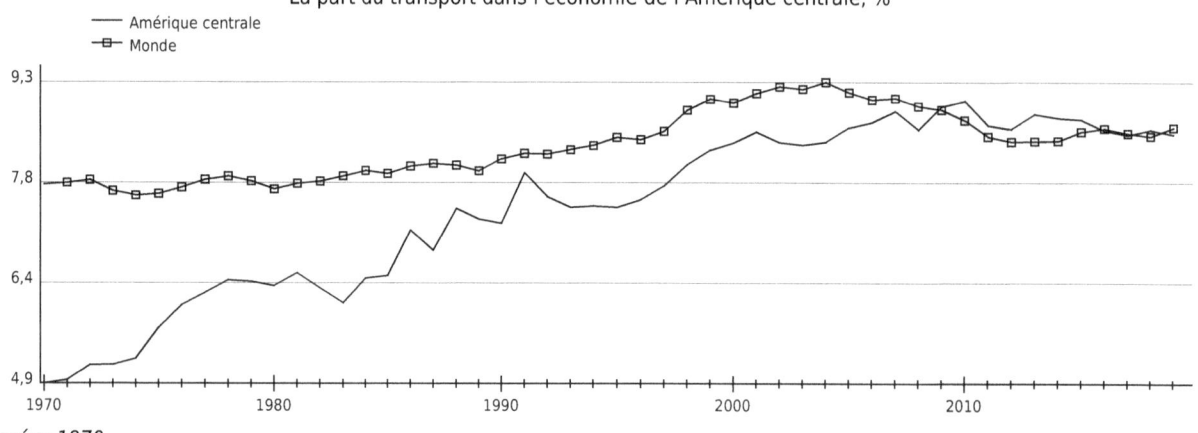

La part du transport dans l'économie de l'Amérique centrale, %

Les années 1970

La valeur du transport en Amérique centrale était de 6,5 milliards de dollars par an dans les années 1970. La part dans le monde était de 1,3% et de 3,2% dans les Amériques.

La part du transport dans l'économie de l'Amérique centrale était de 5,8% dans les années 1970, à égalité avec la Thaïlande (5,8%), le Sénégal (5,8%).

Le transport par habitant en Amérique centrale était de 82.4 dollars dans les années 1970, à égalité avec le Nicaragua (82,3 de dollars), le Venezuela (82,2 de dollars), l'Iran (81,1 de dollars). Le transport par habitant en Amérique centrale était 32,6% inférieur le transport par habitant au Monde (122,3 US$), et 4,4 fois inférieur le transport par habitant dans les Amériques (360,9 US$).

La croissance du transport en Amérique centrale était de 10.6% dans les années 1970, à égalité avec les Îles Turks-et-Caïcos (10,7%), l'Afrique du Nord (10,7%). La croissance du transport en Amérique centrale (10,6%) a été supérieure à celle du monde (4,6%), et supérieure à celle des Amériques (4,9%).

Comparaison avec les sous-régions. La valeur ajoutée du transport en Amérique centrale était supérieure à celle des Caraïbes (2,6 milliards de dollars); mais inférieure à celle de l'Amérique septentrionale (181,3 milliards de dollars) et de l'Amérique du Sud (11,5 milliards de dollars). Le transport par habitant en Amérique centrale était supérieur à celui de l'Amérique du Sud (54,0 de dollars); mais inférieur à celui de l'Amérique septentrionale (751,9 de dollars) et des Caraïbes (99,7 de dollars). La croissance du transport en Amérique centrale était supérieure à celle de l'Amérique du Sud (7,1%), des Caraïbes (5,5%) et de l'Amérique septentrionale (4,3%).

Les leaders. La valeur du transport en Amérique centrale dans les années 1970 comprenait: Mexique (85,4%), Nicaragua (3,5%), Panama (2,8%), Costa Rica (2,6%), Guatemala (2,4%), autres (3,3%). La part du transport dans l'économie des leaders: Nicaragua (10,9%), Panama (8,5%), Costa Rica (6,8%), Mexique (5,6%), Guatemala (5,1%). Le transport par habitant en Amérique centrale parmi les leaders: Panama (105,7 US$), Mexique (94,7 US$), Nicaragua (82,3 US$), Costa Rica (81,0 US$), Guatemala (24,4 US$). La croissance du transport en Amérique centrale parmi les leaders: Costa Rica (11,2%), Mexique (11,1%), Panama (10,9%), Guatemala (8,2%), Nicaragua (-0,90%).

Les années 1980

La valeur du transport en Amérique centrale était de 17,6 milliards de dollars par an dans les années 1980 à égalité avec l'Australie (18,0 milliards de dollars). La part dans le monde était de 1,5% et de 3,7% dans les Amériques.

La part du transport dans l'économie de l'Amérique centrale était de 6,7% dans les années 1980, à égalité avec la Colombie (6,6%), l'Est (6,6%).

Le transport par habitant en Amérique centrale était de 174.2 dollars dans les années 1980, à égalité avec la république du Congo (176,1 de dollars), la Grenade (176,7 de dollars). Le transport par habitant en Amérique centrale était 28,0% inférieur le transport par habitant au Monde (242,0 US$), et 4,1 fois inférieur le transport par habitant dans les Amériques (714,8 US$).

La croissance du transport en Amérique centrale était de 2.8% dans les années 1980, à égalité avec l'Europe (2,8%), la Norvège (2,8%). La croissance du transport en Amérique centrale (2,8%) a été inférieure à celle du monde (3,4%), et inférieure à celle des Amériques (3,5%).

Chapitre VII. Transport

Comparaison avec les sous-régions. Le transport de l'Amérique centrale était supérieur à celui des Caraïbes (5,7 milliards de dollars); mais inférieur à celui de l'Amérique septentrionale (423,2 milliards de dollars) et de l'Amérique du Sud (27,0 milliards de dollars). Le transport par habitant en Amérique centrale était supérieur à celui de l'Amérique du Sud (101,7 de dollars); mais inférieur à celui de l'Amérique septentrionale (1 595,3 de dollars) et des Caraïbes (184,1 de dollars). La croissance du transport en Amérique centrale était inférieure à celle des Caraïbes (3,9%), de l'Amérique septentrionale (3,6%) et de l'Amérique du Sud (2,9%).

Les leaders. Le secteur du transport en Amérique centrale dans les années 1980 comprenait: Mexique (86,6%), Panama (4,2%), Honduras (2,4%), Guatemala (2,0%), Costa Rica (1,9%), autres (2,9%). La part du transport dans l'économie des leaders: Panama (13,1%), Honduras (9,9%), Costa Rica (7,5%), Mexique (6,5%), Guatemala (5,1%). Le transport par habitant en Amérique centrale parmi les leaders: Panama (336,2 US$), Mexique (203,0 US$), Costa Rica (125,4 US$), Honduras (99,6 US$), Guatemala (44,0 US$). La croissance du transport en Amérique centrale parmi les leaders: Honduras (5,0%), Costa Rica (4,5%), Panama (4,4%), Mexique (2,7%), Guatemala (2,5%).

Les années 1990

La valeur ajoutée du transport en Amérique centrale était de 37,5 milliards de dollars par an dans les années 1990 à égalité avec l'Australasie (37,2 milliards de dollars), la Russie (38,4 milliards de dollars). La part dans le monde était de 1,6% et de 4,4% dans les Amériques.

La part du transport dans l'économie de l'Amérique centrale était de 7,8% dans les années 1990, à égalité avec le Mexique (7,7%), l'Équateur (7,7%), le Timor oriental (7,7%).

Le transport par habitant en Amérique centrale était de 304.3 dollars dans les années 1990, à égalité avec d'Oman (304,1 de dollars), l'Afrique du Sud (303,7 de dollars), l'Asie de l'Ouest (305,9 de dollars). Le transport par habitant en Amérique centrale était 25,7% inférieur le transport par habitant au Monde (409,5 US$), et 3,6 fois inférieur le transport par habitant dans les Amériques (1 104,4 US$).

La croissance du transport en Amérique centrale était de 4.5% dans les années 1990, à égalité avec l'Égypte (4,4%), la Norvège (4,4%). La croissance du transport en Amérique centrale (4,5%) a été supérieure à celle du monde (4,0%), et inférieure à celle des Amériques (4,7%).

Comparaison avec les sous-régions. Le secteur du transport en Amérique centrale était supérieur à celui des Caraïbes (7,3 milliards de dollars); mais inférieur à celui de l'Amérique septentrionale (745,9 milliards de dollars) et de l'Amérique du Sud (61,1 milliards de dollars). Le transport par habitant en Amérique centrale était supérieur à celui des Caraïbes (209,6 de dollars) et de l'Amérique du Sud (191,3 de dollars); mais inférieur à celui de l'Amérique septentrionale (2 541,1 de dollars). La croissance du transport en Amérique centrale était supérieure à celle de l'Amérique du Sud (3,2%) et des Caraïbes (2,9%); mais inférieure à celle de l'Amérique septentrionale (4,9%).

Les leaders. La valeur ajoutée du transport en Amérique centrale dans les années 1990 comprenait: Mexique (90,3%), Panama (2,9%), Costa Rica (1,8%), Salvador (1,6%), Guatemala (1,6%), autres (1,8%). La part du transport dans l'économie des leaders: Panama (13,1%), Salvador (7,9%), Mexique (7,7%), Costa Rica (7,0%), Guatemala (5,3%). Le transport par habitant en Amérique centrale parmi les leaders: Panama (407,7 US$), Mexique (373,0 US$), Costa Rica (193,8 US$), Salvador (106,8 US$), Guatemala (57,3 US$). La croissance du transport en Amérique centrale parmi les leaders: Salvador (11,5%), Guatemala (6,0%), Panama (5,2%), Mexique (4,4%), Costa Rica (1,8%).

Les années 2000

La valeur du transport en Amérique centrale était de 79,6 milliards de dollars par an dans les années 2000 à égalité avec l'Asie du Sud-Est (79,9 milliards de dollars), le Canada (78,6 milliards de dollars). La part dans le monde était de 2,0% et de 5,4% dans les Amériques.

La part du transport dans l'économie de l'Amérique centrale était de 8,6% dans les années 2000, à égalité avec l'Espagne (8,6%), les Salomon (8,6%), l'Iran (8,7%).

Le transport par habitant en Amérique centrale était de 548.7 dollars dans les années 2000, à égalité avec l'Arabie saoudite (549,7 de dollars). Le transport par habitant en Amérique centrale était 11,7% inférieur le transport par habitant au Monde (621,1 US$), et 3,1 fois inférieur le transport par habitant dans les Amériques (1 687,7 US$).

La croissance du transport en Amérique centrale était de 3.3% dans les années 2000. La croissance du transport en Amérique centrale (3,3%) a été inférieure à celle du monde (3,9%), et supérieure à celle des Amériques (3,2%).

Comparaison avec les sous-régions. Le secteur du transport en Amérique centrale était supérieur à celui des Caraïbes (14,6 milliards de dollars); mais inférieur à celui de l'Amérique septentrionale (1,3 billions de dollars) et de l'Amérique du Sud (125,5 milliards de dollars). Le transport par habitant en Amérique centrale était supérieur à celui des Caraïbes (378,4 de dollars) et de l'Amérique du Sud (340,1 de dollars); mais inférieur à celui de l'Amérique septentrionale (3 874,1 de dollars). La croissance du transport en Amérique centrale était supérieure à celle de l'Amérique septentrionale (3,1%); mais inférieure à celle de l'Amérique du Sud (4,6%) et des Caraïbes (4,5%).

Les leaders. La valeur ajoutée du transport en Amérique centrale dans les années 2000 comprenait: Mexique (89,7%), Panama (3,2%), Guatemala (2,1%), Costa Rica (1,8%), Salvador (1,6%), autres (1,5%). La part du transport dans l'économie des leaders: Panama (15,9%), Salvador (9,6%), Mexique (8,6%), Costa Rica (7,4%), Guatemala (6,7%). Le transport par habitant en Amérique centrale parmi les leaders: Panama (782,5 US$), Mexique (677,3 US$), Costa Rica (336,2 US$), Salvador (213,7 US$), Guatemala (127,6 US$). La croissance du transport en Amérique centrale parmi les leaders: Guatemala (11,6%), Panama (8,8%), Costa Rica (8,1%), Salvador (2,6%), Mexique (2,6%).

Les années 2010

La valeur ajoutée du transport en Amérique centrale était de 116,8 milliards de dollars par an dans les années 2010 à égalité avec l'Australasie (117,4 milliards de dollars), le Canada (119,6 milliards de dollars). La part dans le monde était de 1,8% et de 5,0% dans les Amériques.

La part du transport dans l'économie de l'Amérique centrale était de 8,7% dans les années 2010, à égalité avec l'Afrique du Nord (8,7%), Madagascar (8,7%), l'Égypte (8,8%).

Le transport par habitant en Amérique centrale était de 696.3 dollars dans les années 2010, à égalité avec l'Est (710,0 de dollars). Le transport par habitant en Amérique centrale était 19,5% inférieur le transport par habitant au Monde (864,8 US$), et 3,4 fois inférieur le transport par habitant dans les Amériques (2 381,9 US$).

La croissance du transport en Amérique centrale était de 4.5% dans les années 2010, à égalité avec la Serbie (4,5%), Sao Tomé-et-Principe (4,5%). La croissance du transport en Amérique centrale (4,5%) a été supérieure à celle du monde (4,0%), et inférieure à celle des Amériques (4,7%).

Comparaison avec les sous-régions. La valeur du transport en Amérique centrale était 4,8 fois supérieure à celle des Caraïbes (24,4 milliards de dollars); mais 16,3 fois inférieure à celle de l'Amérique septentrionale (1,9 billions de dollars) et 2,3 fois inférieure à celle de l'Amérique du Sud (271,4 milliards de dollars). Le transport par habitant en Amérique centrale était 5,2% supérieur à celui de l'Amérique du Sud (662,0 de dollars) et 18,2% supérieur à celui des Caraïbes (589,0 de dollars); mais 7,7 fois inférieur à celui de l'Amérique septentrionale (5 370,1 de dollars). La croissance du transport en Amérique centrale était supérieure à celle des Caraïbes (2,8%) et de l'Amérique du Sud (2,4%); mais inférieure à celle de l'Amérique septentrionale (5,0%).

Les leaders. Le secteur du transport en Amérique centrale dans les années 2010 comprenait: Mexique (83,9%), Panama (5,3%), Costa Rica (3,7%), Guatemala (3,7%), Salvador (1,6%), autres (1,8%). La part du transport dans l'économie des leaders: Panama (12,6%), Costa Rica (9,1%), Salvador (8,8%), Mexique (8,6%), Guatemala (7,7%). Le transport par habitant en Amérique centrale parmi les leaders: Panama (1 560,9 US$), Costa Rica (899,2 US$), Mexique (810,1 US$), Salvador (291,7 US$), Guatemala (268,0 US$). La croissance du transport en Amérique centrale parmi les leaders: Costa Rica (7,0%), Panama (5,1%), Mexique (4,5%), Guatemala (3,7%), Salvador (1,3%).

Chapitre VIII. Commerce

Commerce de gros et de détail; restaurants et hôtels (ISIC G-H)

La valeur ajoutée du commerce en Amérique centrale est passé de 27,2 milliards de dollars par an dans les années 1970 à 278,2 milliards de dollars par an dans les années 2010, c'est-à-dire 251,1 milliards de dollars ou de 10,2 fois. La variation a été de 189,4 milliards de dollars en raison de l'augmentation de 3,1 fois des prix, et de 31,2 milliards de dollars en raison de la croissance de productivité de 1,5 fois, et de 30,5 milliards de dollars en raison de la croissance démographique. La croissance annuelle moyenne du commerce était de 3,3%. La valeur minimale était de 13,5 milliards de dollars en 1970. La valeur maximale était de 317,1 milliards de dollars en 2019.

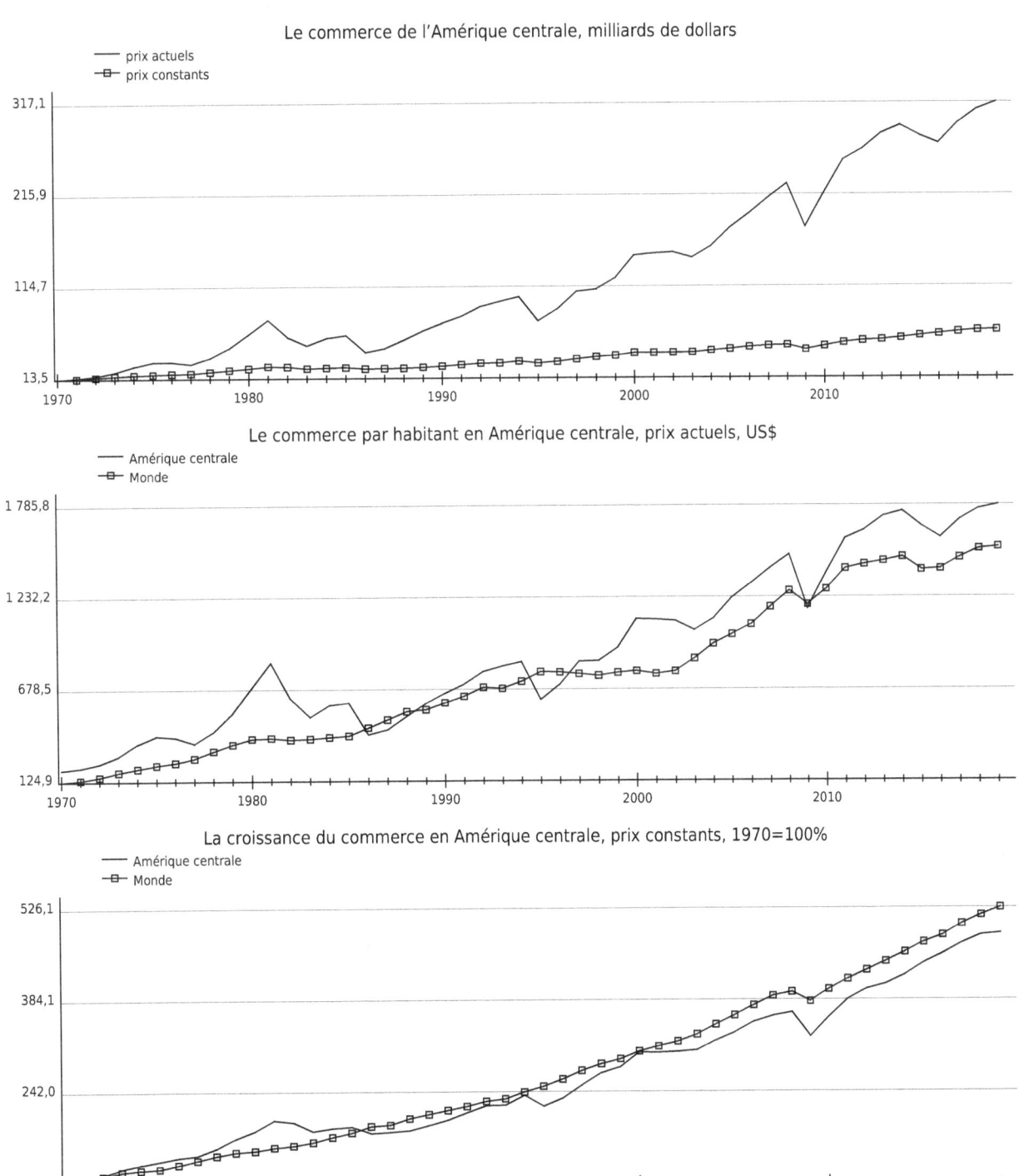

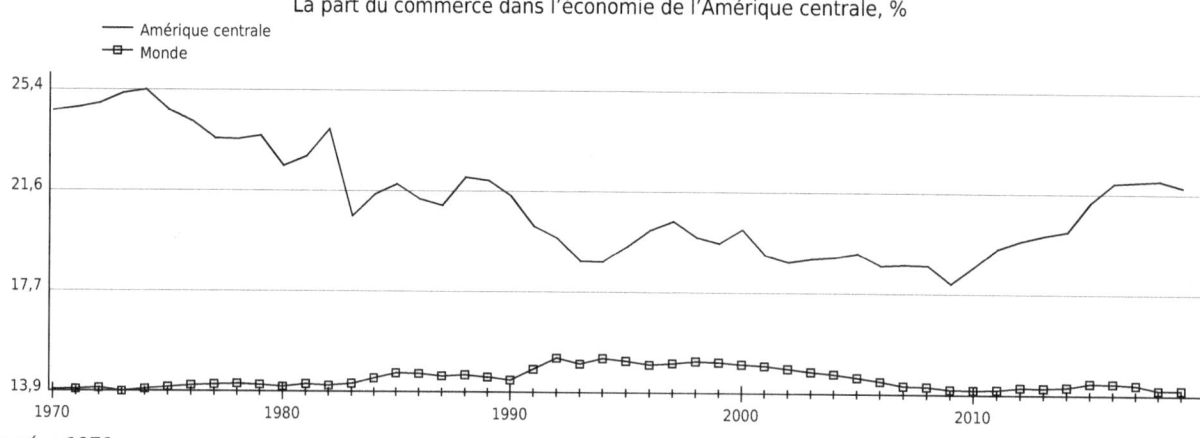

La part du commerce dans l'économie de l'Amérique centrale, %

Les années 1970

La valeur ajoutée du commerce en Amérique centrale était de 27,2 milliards de dollars par an dans les années 1970. La part dans le monde était de 3,0% et de 7,4% dans les Amériques.

La part du commerce dans l'économie de l'Amérique centrale était de 24,3% dans les années 1970.

Le commerce par habitant en Amérique centrale était de 343.7 dollars dans les années 1970, à égalité avec la Gambie (345,9 de dollars). Le commerce par habitant en Amérique centrale était 55,5% supérieur le commerce par habitant au Monde (221,0 US$), et 47,5% inférieur le commerce par habitant dans les Amériques (654,8 US$).

La croissance du commerce en Amérique centrale était de 6.1% dans les années 1970, à égalité avec le Luxembourg (6,0%), la Colombie (6,1%), la Chine (6,1%). La croissance du commerce en Amérique centrale (6,1%) a été supérieure à celle du monde (4,5%), et supérieure à celle des Amériques (4,4%).

Comparaison avec les sous-régions. Le commerce de l'Amérique centrale était supérieur à celui des Caraïbes (7,5 milliards de dollars); mais inférieur à celui de l'Amérique septentrionale (299,9 milliards de dollars) et de l'Amérique du Sud (32,0 milliards de dollars). Le commerce par habitant en Amérique centrale était supérieur à celui des Caraïbes (281,9 de dollars) et de l'Amérique du Sud (150,3 de dollars); mais inférieur à celui de l'Amérique septentrionale (1 243,5 de dollars). La croissance du commerce en Amérique centrale était supérieure à celle de l'Amérique du Sud (5,6%), des Caraïbes (4,0%) et de l'Amérique septentrionale (4,0%).

Les leaders. Le secteur du commerce en Amérique centrale dans les années 1970 comprenait: Mexique (91,2%), Guatemala (1,8%), Costa Rica (1,8%), Salvador (1,6%), Panama (1,4%), autres (2,3%). La part du commerce dans l'économie des leaders: Salvador (26,1%), Mexique (25,0%), Costa Rica (19,7%), Panama (17,2%), Guatemala (16,0%). Le commerce par habitant en Amérique centrale parmi les leaders: Mexique (421,7 US$), Costa Rica (235,1 US$), Panama (214,6 US$), Salvador (104,2 US$), Guatemala (76,8 US$). La croissance du commerce en Amérique centrale parmi les leaders: Mexique (6,3%), Salvador (5,6%), Costa Rica (5,5%), Guatemala (5,3%), Panama (4,6%).

Les années 1980

La valeur du commerce en Amérique centrale était de 58,1 milliards de dollars par an dans les années 1980. La part dans le monde était de 2,7% et de 6,9% dans les Amériques.

La part du commerce dans l'économie de l'Amérique centrale était de 22,0% dans les années 1980, à égalité avec la Mongolie (22,1%).

Le commerce par habitant en Amérique centrale était de 574.5 dollars dans les années 1980, à égalité avec l'Argentine (571,3 de dollars). Le commerce par habitant en Amérique centrale était 31,2% supérieur le commerce par habitant au Monde (437,7 US$), et 2,2 fois inférieur le commerce par habitant dans les Amériques (1 268,0 US$).

La croissance du commerce en Amérique centrale était de 1.1% dans les années 1980, à égalité avec d'Haïti (1,1%), le Portugal (1,1%). La croissance du commerce en Amérique centrale (1,1%) a été inférieure à celle du monde (3,3%), et inférieure à celle des Amériques (3,5%).

Comparaison avec les sous-régions. Le commerce de l'Amérique centrale était supérieur à celui des Caraïbes (15,5 milliards de dollars); mais inférieur à celui de l'Amérique septentrionale (703,6 milliards de dollars) et de l'Amérique du Sud (62,6 milliards de

Chapitre VIII. Commerce

dollars). Le commerce par habitant en Amérique centrale était supérieur à celui des Caraïbes (503,5 de dollars) et de l'Amérique du Sud (236,0 de dollars); mais inférieur à celui de l'Amérique septentrionale (2 652,4 de dollars). La croissance du commerce en Amérique centrale était supérieure à celle de l'Amérique du Sud (1,0%); mais inférieure à celle de l'Amérique septentrionale (4,3%) et des Caraïbes (2,8%).

Les leaders. La valeur du commerce en Amérique centrale dans les années 1980 comprenait: Mexique (91,0%), Guatemala (1,9%), Salvador (1,9%), Costa Rica (1,5%), Panama (1,4%), autres (2,3%). La part du commerce dans l'économie des leaders: Salvador (29,1%), Mexique (22,5%), Costa Rica (19,6%), Guatemala (16,1%), Panama (14,0%). Le commerce par habitant en Amérique centrale parmi les leaders: Mexique (703,8 US$), Panama (360,2 US$), Costa Rica (330,8 US$), Salvador (227,8 US$), Guatemala (138,4 US$). La croissance du commerce en Amérique centrale parmi les leaders: Salvador (1,9%), Mexique (1,3%), Costa Rica (0,90%), Guatemala (-0,26%), Panama (-0,68%).

Les années 1990

Le secteur du commerce en Amérique centrale était de 95,9 milliards de dollars par an dans les années 1990. La part dans le monde était de 2,3% et de 6,4% dans les Amériques.

La part du commerce dans l'économie de l'Amérique centrale était de 19,8% dans les années 1990, à égalité avec Chypre (19,8%).

Le commerce par habitant en Amérique centrale était de 777.6 dollars dans les années 1990. Le commerce par habitant en Amérique centrale était 7,7% supérieur le commerce par habitant au Monde (721,8 US$), et 2,5 fois inférieur le commerce par habitant dans les Amériques (1 943,2 US$).

La croissance du commerce en Amérique centrale était de 4% dans les années 1990, à égalité avec le Danemark (3,9%), les Philippines (4,0%), l'Arabie saoudite (4,0%). La croissance du commerce en Amérique centrale (4,0%) a été supérieure à celle du monde (3,5%), et supérieure à celle des Amériques (3,8%).

Comparaison avec les sous-régions. La valeur du commerce en Amérique centrale était supérieure à celle des Caraïbes (21,2 milliards de dollars); mais inférieure à celle de l'Amérique septentrionale (1,2 billions de dollars) et de l'Amérique du Sud (142,2 milliards de dollars). Le commerce par habitant en Amérique centrale était supérieur à celui des Caraïbes (607,0 de dollars) et de l'Amérique du Sud (445,4 de dollars); mais inférieur à celui de l'Amérique septentrionale (4 222,5 de dollars). La croissance du commerce en Amérique centrale était supérieure à celle de l'Amérique du Sud (2,1%) et des Caraïbes (1,3%); mais inférieure à celle de l'Amérique septentrionale (4,2%).

Les leaders. La valeur ajoutée du commerce en Amérique centrale dans les années 1990 comprenait: Mexique (91,7%), Guatemala (1,9%), Costa Rica (1,8%), Panama (1,5%), Salvador (1,4%), autres (1,5%). La part du commerce dans l'économie des leaders: Mexique (20,1%), Salvador (18,4%), Costa Rica (18,1%), Panama (17,4%), Guatemala (16,6%). Le commerce par habitant en Amérique centrale parmi les leaders: Mexique (968,9 US$), Panama (539,3 US$), Costa Rica (502,0 US$), Salvador (247,6 US$), Guatemala (180,1 US$). La croissance du commerce en Amérique centrale parmi les leaders: Panama (6,9%), Guatemala (4,1%), Mexique (4,1%), Costa Rica (2,9%), Salvador (-2,8%).

Les années 2000

Le secteur du commerce en Amérique centrale était de 174,8 milliards de dollars par an dans les années 2000 à égalité avec l'Asie du Sud-Est (175,2 milliards de dollars). La part dans le monde était de 2,7% et de 7,2% dans les Amériques.

La part du commerce dans l'économie de l'Amérique centrale était de 19,0% dans les années 2000, à égalité avec d'Haïti (19,0%), le Panama (19,0%), le Mexique (19,2%).

Le commerce par habitant en Amérique centrale était de 1205.2 dollars dans les années 2000, à égalité avec d'Oman (1 194,3 de dollars), le Brunei (1 182,7 de dollars), la Lettonie (1 232,1 de dollars). Le commerce par habitant en Amérique centrale était 21,7% supérieur le commerce par habitant au Monde (990,3 US$), et 2,3 fois inférieur le commerce par habitant dans les Amériques (2 770,2 US$).

La croissance du commerce en Amérique centrale était de 1.5% dans les années 2000. La croissance du commerce en Amérique centrale (1,5%) a été inférieure à celle du monde (2,7%), et inférieure à celle des Amériques (1,6%).

Comparaison avec les sous-régions. Le secteur du commerce en Amérique centrale était supérieur à celui des Caraïbes (36,7 milliards de dollars); mais inférieur à celui de l'Amérique septentrionale (2,0 billions de dollars) et de l'Amérique du Sud (215,9 milliards de dollars). Le commerce par habitant en Amérique centrale était supérieur à celui des Caraïbes (950,2 de dollars) et de l'Amérique du Sud (585,4 de dollars); mais inférieur à celui de l'Amérique septentrionale (6 153,7 de dollars). La croissance du commerce en Amérique centrale était supérieure à celle de l'Amérique septentrionale (1,2%); mais inférieure à celle de l'Amérique du Sud (3,7%) et des Caraïbes (2,8%).

Les leaders. La valeur ajoutée du commerce en Amérique centrale dans les années 2000 comprenait: Mexique (91,0%), Guatemala (2,6%), Panama (1,8%), Costa Rica (1,7%), Salvador (1,2%), autres (1,6%). La part du commerce dans l'économie des leaders: Mexique (19,2%), Panama (19,0%), Guatemala (18,5%), Salvador (15,8%), Costa Rica (15,5%). Le commerce par habitant en Amérique centrale parmi les leaders: Mexique (1 509,3 US$), Panama (935,2 US$), Costa Rica (703,9 US$), Guatemala (355,1 US$), Salvador (353,7 US$). La croissance du commerce en Amérique centrale parmi les leaders: Panama (6,8%), Costa Rica (3,1%), Guatemala (2,7%), Mexique (1,2%), Salvador (1,1%).

Les années 2010

Le secteur du commerce en Amérique centrale était de 278,2 milliards de dollars par an dans les années 2010 à égalité avec la Russie (277,2 milliards de dollars), l'Italie (282,2 milliards de dollars). La part dans le monde était de 2,6% et de 7,5% dans les Amériques.

La part du commerce dans l'économie de l'Amérique centrale était de 20,8% dans les années 2010.

Le commerce par habitant en Amérique centrale était de 1658.8 dollars dans les années 2010, à égalité avec Maurice (1 622,3 de dollars), le Chili (1 619,1 de dollars). Le commerce par habitant en Amérique centrale était 15,5% supérieur le commerce par habitant au Monde (1 436,8 US$), et 2,3 fois inférieur le commerce par habitant dans les Amériques (3 802,7 US$).

La croissance du commerce en Amérique centrale était de 4.1% dans les années 2010, à égalité avec le Mexique (4,1%), Saint-Christophe-et-Niévès (4,1%), la Biélorussie (4,1%). La croissance du commerce en Amérique centrale (4,1%) a été supérieure à celle du monde (3,3%), et supérieure à celle des Amériques (2,1%).

Comparaison avec les sous-régions. La valeur du commerce en Amérique centrale était 4,6 fois supérieure à celle des Caraïbes (60,3 milliards de dollars); mais 10,1 fois inférieure à celle de l'Amérique septentrionale (2,8 billions de dollars) et 49,5% inférieure à celle de l'Amérique du Sud (551,2 milliards de dollars). Le commerce par habitant en Amérique centrale était 14,0% supérieur à celui des Caraïbes (1 454,7 de dollars) et 23,4% supérieur à celui de l'Amérique du Sud (1 344,6 de dollars); mais 4,8 fois inférieur à celui de l'Amérique septentrionale (7 923,4 de dollars). La croissance du commerce en Amérique centrale était supérieure à celle des Caraïbes (2,5%), de l'Amérique septentrionale (2,3%) et de l'Amérique du Sud (0,019%).

Les leaders. La valeur ajoutée du commerce en Amérique centrale dans les années 2010 comprenait: Mexique (85,7%), Guatemala (4,6%), Panama (4,3%), Costa Rica (2,3%), Honduras (1,2%), autres (1,9%). La part du commerce dans l'économie des leaders: Panama (24,4%), Guatemala (22,7%), Mexique (21,0%), Honduras (17,5%), Costa Rica (13,4%). Le commerce par habitant en Amérique centrale parmi les leaders: Panama (3 014,1 US$), Mexique (1 970,5 US$), Costa Rica (1 324,9 US$), Guatemala (791,9 US$), Honduras (384,8 US$). La croissance du commerce en Amérique centrale parmi les leaders: Panama (5,5%), Mexique (4,1%), Costa Rica (3,9%), Guatemala (3,5%), Honduras (3,3%).

Chapitre IX. Services

(ISIC J-P)

La valeur des services en Amérique centrale est passé de 29,3 milliards de dollars par an dans les années 1970 à 462,8 milliards de dollars par an dans les années 2010, c'est-à-dire 433,5 milliards de dollars ou de 15,8 fois. La variation a été de 359,2 milliards de dollars en raison de l'augmentation de 4,5 fois des prix, et de 41,5 milliards de dollars en raison de la croissance de productivité de 1,7 fois, et de 32,8 milliards de dollars en raison de la croissance démographique. La croissance annuelle moyenne des services était de 3,4%. La valeur minimale était de 15,3 milliards de dollars en 1970. La valeur maximale était de 506,4 milliards de dollars en 2014.

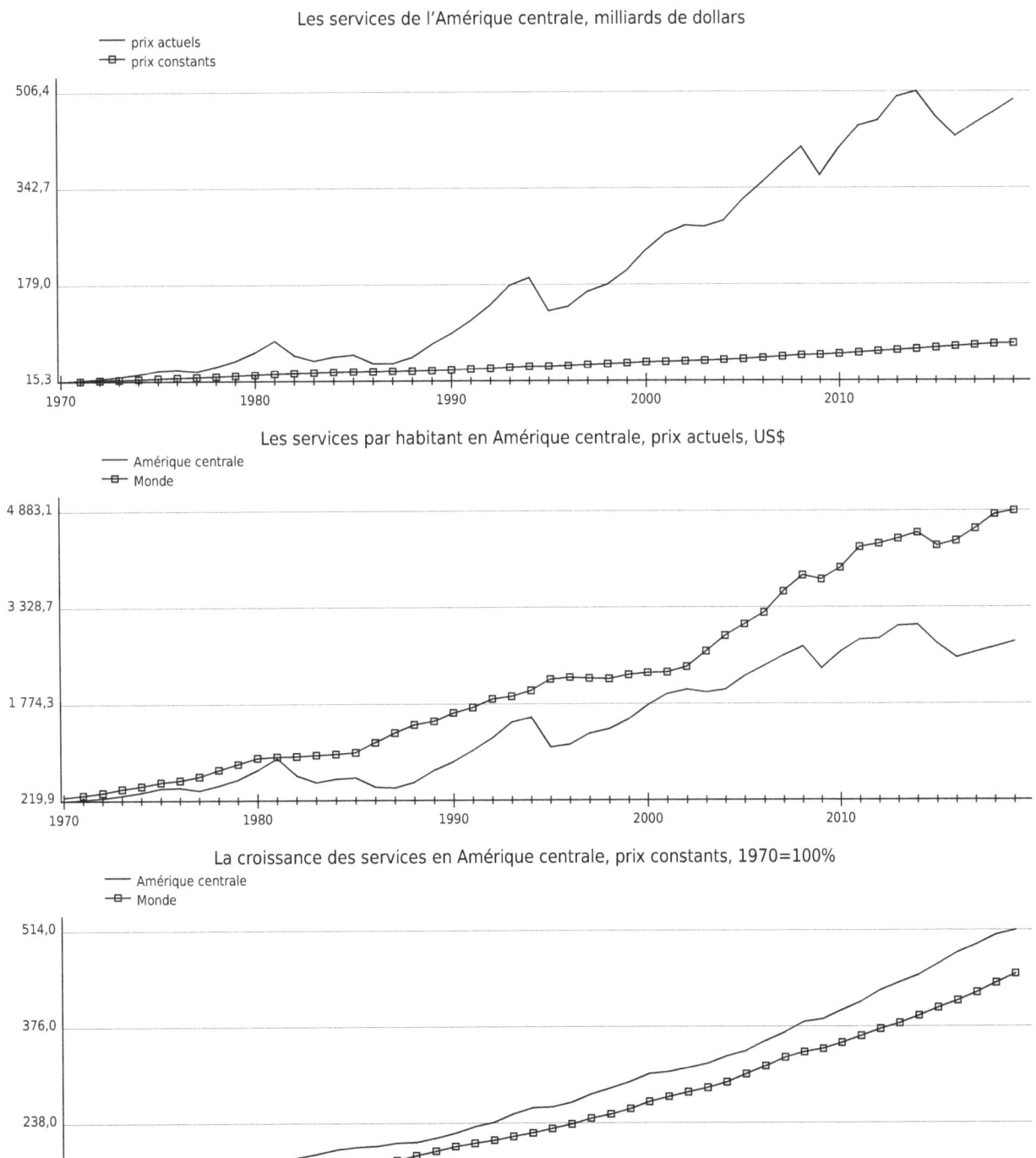

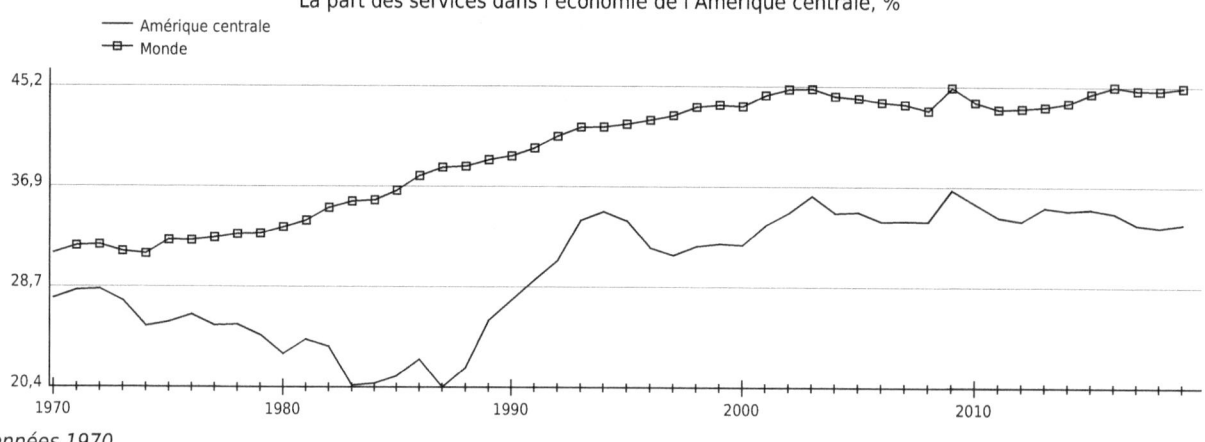

La part des services dans l'économie de l'Amérique centrale, %

Les années 1970

La valeur ajoutée des services en Amérique centrale était de 29,3 milliards de dollars par an dans les années 1970. La part dans le monde était de 1,4% et de 3,5% dans les Amériques.

La part des services dans l'économie de l'Amérique centrale était de 26,1% dans les années 1970, à égalité avec le Venezuela (26,2%), le Viêt Nam (26,0%), l'Afrique centrale (26,0%).

Les services par habitant en Amérique centrale étaient de 370.1 dollars dans les années 1970, à égalité avec Malte (372,5 de dollars), l'Afrique du Sud (378,7 de dollars). Les services par habitant en Amérique centrale étaient 27,0% inférieures les services par habitant au Monde (506,9 US$), et 4,1 fois inférieures les services par habitant dans les Amériques (1 502,8 US$).

La croissance des services en Amérique centrale était de 5.5% dans les années 1970, à égalité avec la Grèce (5,5%), la Chine (5,5%), l'Afrique (5,5%). La croissance des services en Amérique centrale (5,5%) a été supérieure à celle du monde (4,1%), et supérieure à celle des Amériques (3,7%).

Comparaison avec les sous-régions. La valeur des services en Amérique centrale était supérieure à celle des Caraïbes (10,5 milliards de dollars); mais inférieure à celle de l'Amérique septentrionale (731,9 milliards de dollars) et de l'Amérique du Sud (69,7 milliards de dollars). Les services par habitant en Amérique centrale étaient supérieures à celles de l'Amérique du Sud (327,0 de dollars); mais inférieures à celles de l'Amérique septentrionale (3 034,7 de dollars) et des Caraïbes (395,0 de dollars). La croissance des services en Amérique centrale était supérieure à celle des Caraïbes (4,9%) et de l'Amérique septentrionale (3,3%); mais inférieure à celle de l'Amérique du Sud (6,7%).

Les leaders. La valeur ajoutée des services en Amérique centrale dans les années 1970 comprenait: Mexique (86,1%), Guatemala (3,7%), Panama (3,1%), Nicaragua (2,4%), Costa Rica (2,3%), autres (2,4%). La part des services dans l'économie des leaders: Panama (42,1%), Guatemala (35,9%), Nicaragua (33,4%), Costa Rica (26,6%), Mexique (25,4%). Les services par habitant en Amérique centrale parmi les leaders: Panama (525,8 US$), Mexique (428,9 US$), Costa Rica (318,6 US$), Nicaragua (252,0 US$), Guatemala (172,7 US$). La croissance des services en Amérique centrale parmi les leaders: Panama (6,5%), Mexique (5,7%), Guatemala (5,3%), Costa Rica (5,0%), Nicaragua (-1,5%).

Les années 1980

La valeur des services en Amérique centrale était de 59,8 milliards de dollars par an dans les années 1980. La part dans le monde était de 1,1% et de 2,6% dans les Amériques.

La part des services dans l'économie de l'Amérique centrale était de 22,7% dans les années 1980, à égalité avec la Côte d'Ivoire (22,8%), la Syrie (22,8%), le Mali (22,8%).

Les services par habitant en Amérique centrale étaient de 591.5 dollars dans les années 1980, à égalité avec la Mélanésie (580,7 de dollars), la Colombie (605,6 de dollars), l'Est (577,2 de dollars). Les services par habitant en Amérique centrale étaient 47,0% inférieures les services par habitant au Monde (1 115,5 US$), et 5,8 fois inférieures les services par habitant dans les Amériques (3 456,8 US$).

La croissance des services en Amérique centrale était de 2.9% dans les années 1980, à égalité avec la Guinée (3,0%), la Micronésie (3,0%). La croissance des services en Amérique centrale (2,9%) a été inférieure à celle du monde (3,3%), et supérieure à celle des

Chapitre IX. Services

Amériques (2,8%).

Comparaison avec les sous-régions. Les services de l'Amérique centrale étaient supérieures à celles des Caraïbes (23,8 milliards de dollars); mais inférieures à celles de l'Amérique septentrionale (2,0 billions de dollars) et de l'Amérique du Sud (179,0 milliards de dollars). Les services par habitant en Amérique centrale étaient inférieures à celles de l'Amérique septentrionale (7 640,1 de dollars), des Caraïbes (773,8 de dollars) et de l'Amérique du Sud (675,3 de dollars). La croissance des services en Amérique centrale était supérieure à celle de l'Amérique du Sud (2,9%) et de l'Amérique septentrionale (2,8%); mais inférieure à celle des Caraïbes (4,2%).

Les leaders. La valeur des services en Amérique centrale dans les années 1980 comprenait: Mexique (84,0%), Panama (4,3%), Guatemala (4,2%), Honduras (2,1%), Costa Rica (2,0%), autres (3,4%). La part des services dans l'économie des leaders: Panama (45,3%), Guatemala (36,3%), Honduras (29,3%), Costa Rica (25,6%), Mexique (21,4%). Les services par habitant en Amérique centrale parmi les leaders: Panama (1 164,6 US$), Mexique (669,3 US$), Costa Rica (431,5 US$), Guatemala (311,1 US$), Honduras (293,7 US$). La croissance des services en Amérique centrale parmi les leaders: Honduras (3,3%), Mexique (3,1%), Panama (2,5%), Costa Rica (2,1%), Guatemala (2,1%).

Les années 1990

La valeur ajoutée des services en Amérique centrale était de 155,0 milliards de dollars par an dans les années 1990 à égalité avec l'Afrique (154,3 milliards de dollars), l'Australie (156,7 milliards de dollars). La part dans le monde était de 1,4% et de 3,3% dans les Amériques.

La part des services dans l'économie de l'Amérique centrale était de 32,0% dans les années 1990, à égalité avec la Croatie (32,0%), la Tchéquie (32,1%).

Les services par habitant en Amérique centrale étaient de 1256.5 dollars dans les années 1990, à égalité avec Trinité-et-Tobago (1 267,8 de dollars). Les services par habitant en Amérique centrale étaient 37,6% inférieures les services par habitant au Monde (2 014,6 US$), et 4,9 fois inférieures les services par habitant dans les Amériques (6 173,1 US$).

La croissance des services en Amérique centrale était de 3.2% dans les années 1990, à égalité avec la Jamaïque (3,2%), l'Allemagne (3,2%), l'Indonésie (3,2%). La croissance des services en Amérique centrale (3,2%) a été supérieure à celle du monde (2,7%), et supérieure à celle des Amériques (2,4%).

Comparaison avec les sous-régions. La valeur ajoutée des services en Amérique centrale était supérieure à celle des Caraïbes (40,4 milliards de dollars); mais inférieure à celle de l'Amérique septentrionale (4,1 billions de dollars) et de l'Amérique du Sud (501,8 milliards de dollars). Les services par habitant en Amérique centrale étaient supérieures à celles des Caraïbes (1 152,6 de dollars); mais inférieures à celles de l'Amérique septentrionale (13 846,2 de dollars) et de l'Amérique du Sud (1 571,0 de dollars). La croissance des services en Amérique centrale était supérieure à celle des Caraïbes (3,1%), de l'Amérique du Sud (2,5%) et de l'Amérique septentrionale (2,3%).

Les leaders. Le secteur des services en Amérique centrale dans les années 1990 comprenait: Mexique (89,6%), Guatemala (2,7%), Panama (2,4%), Costa Rica (2,0%), Salvador (1,6%), autres (1,7%). La part des services dans l'économie des leaders: Panama (43,3%), Guatemala (37,4%), Salvador (33,7%), Costa Rica (32,6%), Mexique (31,7%). Les services par habitant en Amérique centrale parmi les leaders: Mexique (1 529,7 US$), Panama (1 343,3 US$), Costa Rica (905,2 US$), Salvador (453,1 US$), Guatemala (405,1 US$). La croissance des services en Amérique centrale parmi les leaders: Salvador (7,8%), Costa Rica (5,0%), Panama (4,9%), Guatemala (4,4%), Mexique (3,0%).

Les années 2000

Les services de l'Amérique centrale étaient de 318,2 milliards de dollars par an dans les années 2000 à égalité avec l'Australie (317,8 milliards de dollars). La part dans le monde était de 1,6% et de 3,8% dans les Amériques.

La part des services dans l'économie de l'Amérique centrale était de 34,6% dans les années 2000, à égalité avec le Belize (34,5%), la Pologne (34,4%), l'Asie (34,4%).

Les services par habitant en Amérique centrale étaient de 2193.5 dollars dans les années 2000, à égalité avec la Lituanie (2 245,9 de dollars). Les services par habitant en Amérique centrale étaient 27,2% inférieures les services par habitant au Monde (3 011,2 US$), et 4,3 fois inférieures les services par habitant dans les Amériques (9 407,5 US$).

La croissance des services en Amérique centrale était de 2.7% dans les années 2000, à égalité avec la Slovénie (2,6%), le Royaume-Uni

(2,7%), le Suriname (2,7%). La croissance des services en Amérique centrale (2,7%) a été inférieure à celle du monde (2,9%), et supérieure à celle des Amériques (2,2%).

Comparaison avec les sous-régions. La valeur ajoutée des services en Amérique centrale était supérieure à celle des Caraïbes (79,0 milliards de dollars); mais inférieure à celle de l'Amérique septentrionale (7,2 billions de dollars) et de l'Amérique du Sud (647,3 milliards de dollars). Les services par habitant en Amérique centrale étaient supérieures à celles des Caraïbes (2 046,8 de dollars) et de l'Amérique du Sud (1 754,7 de dollars); mais inférieures à celles de l'Amérique septentrionale (22 145,8 de dollars). La croissance des services en Amérique centrale était supérieure à celle de l'Amérique septentrionale (2,1%); mais inférieure à celle des Caraïbes (3,3%) et de l'Amérique du Sud (3,0%).

Les leaders. Le secteur des services en Amérique centrale dans les années 2000 comprenait: Mexique (89,0%), Guatemala (2,9%), Costa Rica (2,5%), Panama (2,1%), Salvador (1,7%), autres (1,8%). La part des services dans l'économie des leaders: Panama (41,4%), Costa Rica (41,3%), Salvador (39,6%), Guatemala (37,0%), Mexique (34,1%). Les services par habitant en Amérique centrale parmi les leaders: Mexique (2 684,7 US$), Panama (2 036,9 US$), Costa Rica (1 877,4 US$), Salvador (885,8 US$), Guatemala (709,7 US$). La croissance des services en Amérique centrale parmi les leaders: Costa Rica (5,0%), Panama (4,3%), Guatemala (3,9%), Salvador (3,0%), Mexique (2,3%).

Les années 2010

Le secteur des services en Amérique centrale était de 462,8 milliards de dollars par an dans les années 2010. La part dans le monde était de 1,4% et de 3,6% dans les Amériques.

La part des services dans l'économie de l'Amérique centrale était de 34,5% dans les années 2010, à égalité avec le Kosovo (34,5%), le Sri Lanka (34,4%), la Pologne (34,3%).

Les services par habitant en Amérique centrale étaient de 2759 dollars dans les années 2010, à égalité avec la Bulgarie (2 773,3 de dollars), les Maldives (2 794,7 de dollars), la Guinée équatoriale (2 704,6 de dollars). Les services par habitant en Amérique centrale étaient 38,2% inférieures les services par habitant au Monde (4 467,8 US$), et 4,8 fois inférieures les services par habitant dans les Amériques (13 184,6 US$).

La croissance des services en Amérique centrale était de 2.9% dans les années 2010, à égalité avec l'Australasie (2,9%), l'Océanie (2,9%), l'Australie (2,9%). La croissance des services en Amérique centrale (2,9%) a été supérieure à celle du monde (2,7%), et supérieure à celle des Amériques (1,8%).

Comparaison avec les sous-régions. Le secteur des services en Amérique centrale était 3,8 fois supérieur à celui des Caraïbes (121,5 milliards de dollars); mais 23,3 fois inférieur à celui de l'Amérique septentrionale (10,8 billions de dollars) et 3,2 fois inférieur à celui de l'Amérique du Sud (1,5 billions de dollars). Les services par habitant en Amérique centrale étaient 11,0 fois inférieures à celles de l'Amérique septentrionale (30 320,7 de dollars), 24,0% inférieures à celles de l'Amérique du Sud (3 629,4 de dollars) et 5,9% inférieures à celles des Caraïbes (2 931,8 de dollars). La croissance des services en Amérique centrale était supérieure à celle de l'Amérique du Sud (1,9%), de l'Amérique septentrionale (1,8%) et des Caraïbes (0,98%).

Les leaders. La valeur des services en Amérique centrale dans les années 2010 comprenait: Mexique (82,9%), Costa Rica (5,2%), Guatemala (4,3%), Panama (3,4%), Salvador (1,9%), autres (2,4%). La part des services dans l'économie des leaders: Costa Rica (50,0%), Salvador (41,0%), Guatemala (35,1%), Mexique (33,8%), Panama (32,6%). Les services par habitant en Amérique centrale parmi les leaders: Costa Rica (4 952,2 US$), Panama (4 023,5 US$), Mexique (3 170,2 US$), Salvador (1 360,5 US$), Guatemala (1 226,9 US$). La croissance des services en Amérique centrale parmi les leaders: Panama (4,9%), Costa Rica (4,2%), Guatemala (4,2%), Mexique (2,6%), Salvador (1,9%).

Partie III. Relations extérieures

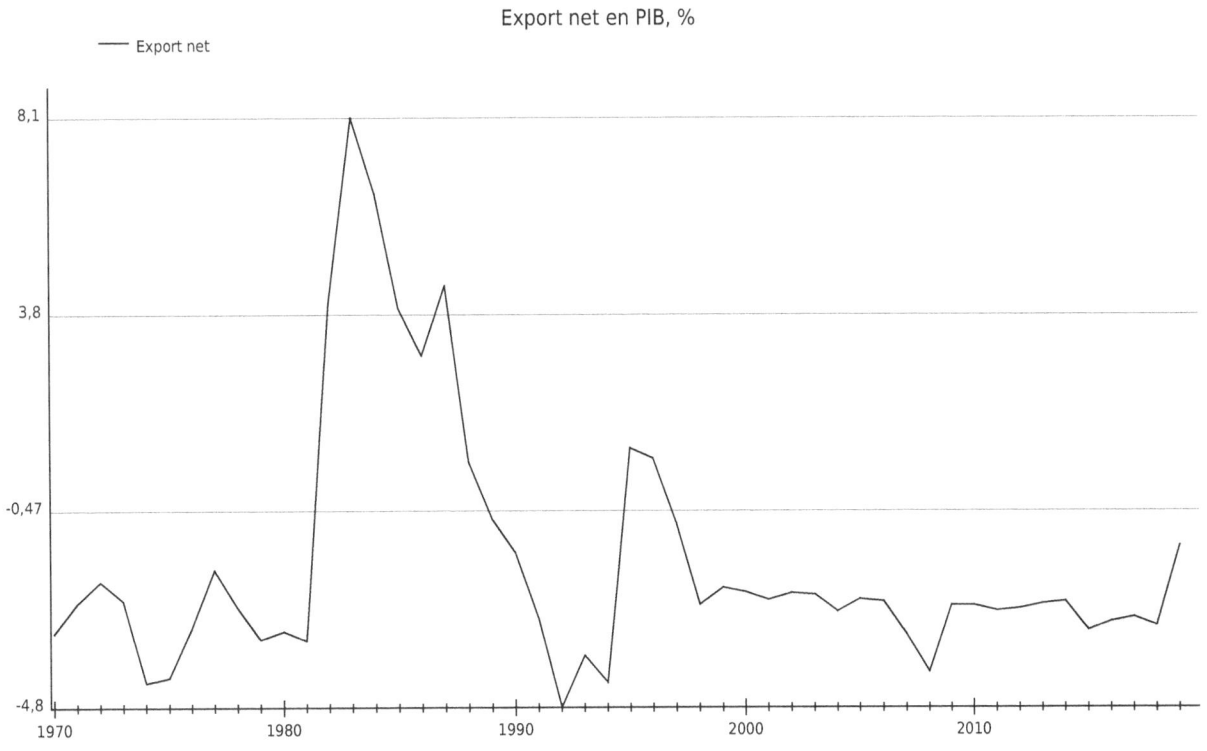

Chapitre X. Exportations

Les exportations de l'Amérique centrale sont passés de 12,3 milliards de dollars par an dans les années 1970 à 487,6 milliards de dollars par an dans les années 2010, c'est-à-dire 475,3 milliards de dollars ou de 39,7 fois. La variation a été de 322,0 milliards de dollars en raison de l'augmentation de 2,9 fois des prix, et de 139,6 milliards de dollars en raison de la croissance du taux par habitant de 6,4 fois, et de 13,8 milliards de dollars en raison de la croissance démographique. La croissance annuelle moyenne des exportations était de 6,5%. La valeur minimale était de 5,3 milliards de dollars en 1970. La valeur maximale était de 579,1 milliards de dollars en 2019.

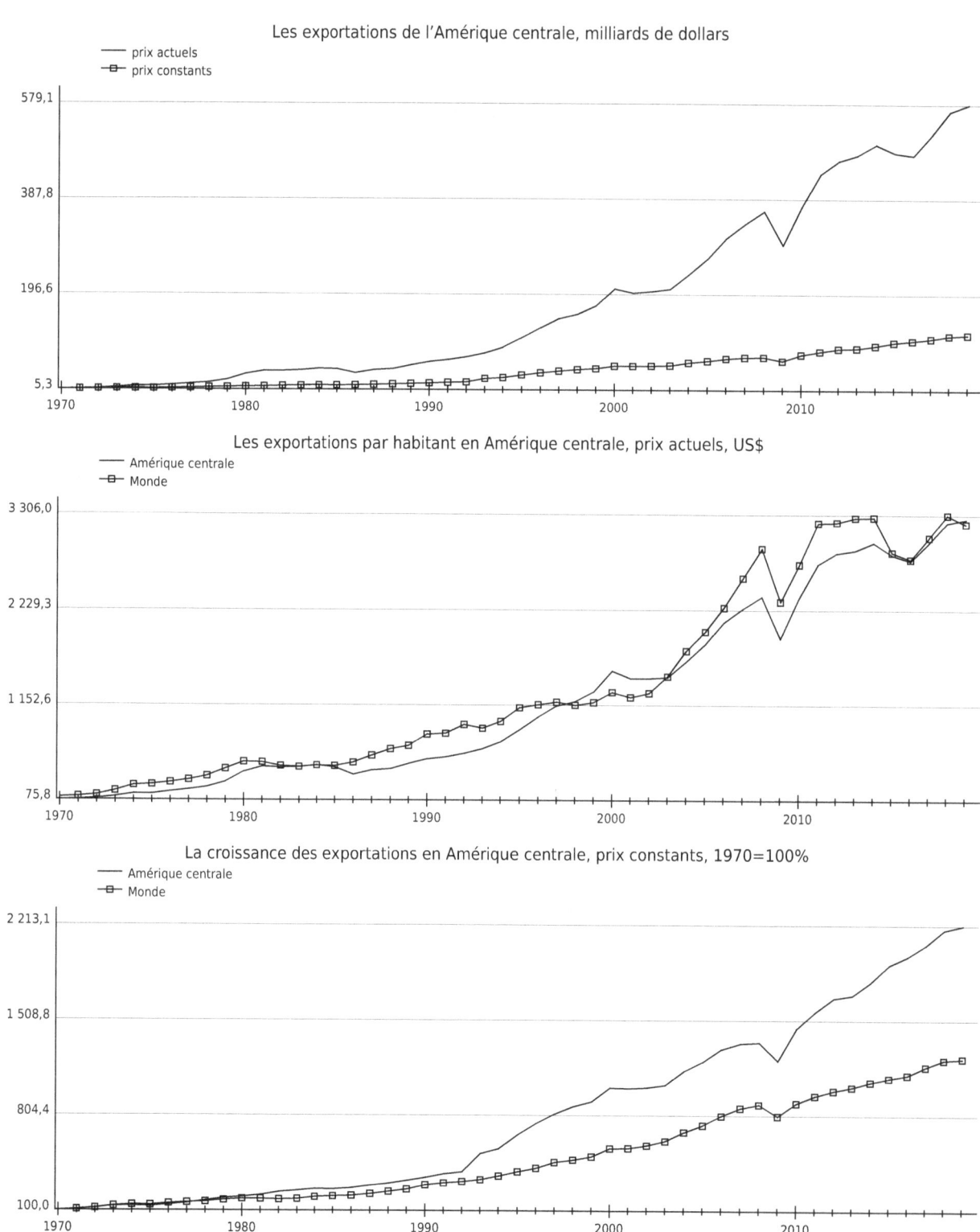

Chapitre X. Exportations

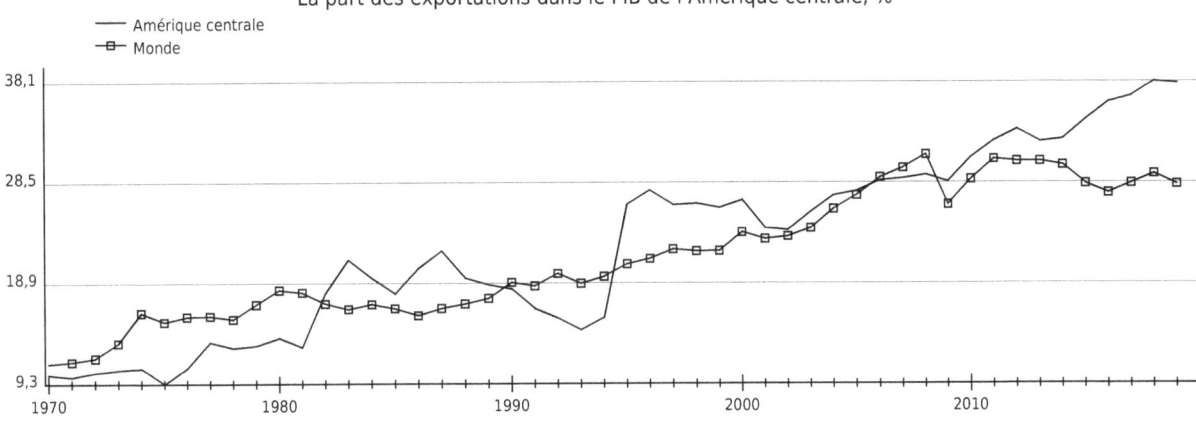

La part des exportations dans le PIB de l'Amérique centrale, %

Les années 1970

Les exportations de l'Amérique centrale étaient de 12,3 milliards de dollars par an dans les années 1970 à égalité avec l'Afrique de l'Ouest (12,1 milliards de dollars). La part dans le monde était de 1,3% et de 5,5% dans les Amériques.

La part des exportations dans le PIB de l'Amérique centrale était de 11,5% dans les années 1970, à égalité avec le Japon (11,5%), la Tanzanie (11,4%).

Les exportations par habitant en Amérique centrale étaient de 155.3 dollars dans les années 1970, à égalité avec le Cameroun (154,5 de dollars), le Guatemala (157,3 de dollars), l'Afrique centrale (158,0 de dollars). Les exportations par habitant en Amérique centrale étaient 35,8% inférieures les exportations par habitant au Monde (242,1 US$), et 2,6 fois inférieures les exportations par habitant dans les Amériques (397,2 US$).

La croissance des exportations en Amérique centrale était de 7.4% dans les années 1970, à égalité avec Sainte-Lucie (7,4%), l'Irlande (7,5%), le Bénin (7,5%). La croissance des exportations en Amérique centrale (7,4%) a été supérieure à celle du monde (6,5%), et supérieure à celle des Amériques (6,4%).

Comparaison avec les sous-régions. La valeur des exportations en Amérique centrale était inférieure à celle de l'Amérique septentrionale (166,6 milliards de dollars), de l'Amérique du Sud (29,6 milliards de dollars) et des Caraïbes (13,9 milliards de dollars). Les exportations par habitant en Amérique centrale étaient supérieures à celles de l'Amérique du Sud (138,8 de dollars); mais inférieures à celles de l'Amérique septentrionale (690,7 de dollars) et des Caraïbes (526,2 de dollars). La croissance des exportations en Amérique centrale était supérieure à celle de l'Amérique septentrionale (6,1%) et des Caraïbes (5,4%); mais inférieure à celle de l'Amérique du Sud (7,7%).

Les leaders. Les exportations de l'Amérique centrale dans les années 1970 comprennent: Mexique (62,4%), Panama (13,1%), Guatemala (8,1%), Costa Rica (5,7%), Honduras (5,3%), autres (5,4%). La part des exportations dans le PIB des leaders: Panama (79,6%), Honduras (43,6%), Guatemala (29,8%), Costa Rica (25,5%), Mexique (8,1%). Les exportations par habitant en Amérique centrale parmi les leaders: Panama (936,2 US$), Costa Rica (336,3 US$), Honduras (208,1 US$), Guatemala (157,3 US$), Mexique (130,3 US$). La croissance des exportations en Amérique centrale parmi les leaders: Mexique (8,6%), Costa Rica (7,2%), Guatemala (6,7%), Honduras (5,8%), Panama (4,4%).

Les années 1980

La valeur des exportations en Amérique centrale était de 43,9 milliards de dollars par an dans les années 1980 à égalité avec l'Océanie (44,1 milliards de dollars), l'Espagne (44,3 milliards de dollars), Hong Kong (43,4 milliards de dollars). La part dans le monde était de 1,7% et de 7,4% dans les Amériques.

La part des exportations dans le PIB de l'Amérique centrale était de 18,0% dans les années 1980, à égalité avec l'Uruguay (18,0%), l'Albanie (18,1%).

Les exportations par habitant en Amérique centrale étaient de 434.1 dollars dans les années 1980. Les exportations par habitant en Amérique centrale étaient 18,1% inférieures les exportations par habitant au Monde (529,9 US$), et 2,1 fois inférieures les exportations par habitant dans les Amériques (890,9 US$).

La croissance des exportations en Amérique centrale était de 5.4% dans les années 1980, à égalité avec le Luxembourg (5,3%), le

Tchad (5,4%), le Sri Lanka (5,4%). La croissance des exportations en Amérique centrale (5,4%) a été supérieure à celle du monde (3,8%), et supérieure à celle des Amériques (5,1%).

Comparaison avec les sous-régions. Les exportations de l'Amérique centrale étaient supérieures à celles des Caraïbes (35,2 milliards de dollars); mais inférieures à celles de l'Amérique septentrionale (440,8 milliards de dollars) et de l'Amérique du Sud (70,1 milliards de dollars). Les exportations par habitant en Amérique centrale étaient supérieures à celles de l'Amérique du Sud (264,4 de dollars); mais inférieures à celles de l'Amérique septentrionale (1 661,7 de dollars) et des Caraïbes (1 144,0 de dollars). La croissance des exportations en Amérique centrale était supérieure à celle de l'Amérique du Sud (4,2%) et des Caraïbes (3,5%); mais inférieure à celle de l'Amérique septentrionale (5,5%).

Les leaders. Les exportations de l'Amérique centrale dans les années 1980 comprennent: Mexique (78,6%), Panama (8,4%), Guatemala (3,9%), Honduras (3,5%), Costa Rica (3,4%), autres (2,1%). La part des exportations dans le PIB des leaders: Panama (68,1%), Honduras (36,1%), Costa Rica (29,6%), Guatemala (22,8%), Mexique (16,0%). Les exportations par habitant en Amérique centrale parmi les leaders: Panama (1 671,9 US$), Costa Rica (550,7 US$), Mexique (459,6 US$), Honduras (367,4 US$), Guatemala (212,7 US$). La croissance des exportations en Amérique centrale parmi les leaders: Mexique (7,9%), Costa Rica (5,2%), Panama (5,1%), Honduras (0,24%), Guatemala (-2,2%).

Les années 1990

Les exportations de l'Amérique centrale étaient de 108,0 milliards de dollars par an dans les années 1990. La part dans le monde était de 1,8% et de 8,4% dans les Amériques.

La part des exportations dans le PIB de l'Amérique centrale était de 21,6% dans les années 1990, à égalité avec le Salvador (21,7%), la République centrafricaine (21,7%), l'Italie (21,5%).

Les exportations par habitant en Amérique centrale étaient de 875.3 dollars dans les années 1990, à égalité avec la Russie (881,8 de dollars), la Biélorussie (860,1 de dollars). Les exportations par habitant en Amérique centrale étaient 15,0% inférieures les exportations par habitant au Monde (1 029,5 US$), et 47,4% inférieures les exportations par habitant dans les Amériques (1 662,5 US$).

La croissance des exportations en Amérique centrale était de 10.9% dans les années 1990, à égalité avec la Thaïlande (10,9%), la Tanzanie (10,9%). La croissance des exportations en Amérique centrale (10,9%) a été supérieure à celle du monde (6,9%), et supérieure à celle des Amériques (7,3%).

Comparaison avec les sous-régions. La valeur des exportations en Amérique centrale était supérieure à celle des Caraïbes (55,3 milliards de dollars); mais inférieure à celle de l'Amérique septentrionale (980,7 milliards de dollars) et de l'Amérique du Sud (138,4 milliards de dollars). Les exportations par habitant en Amérique centrale étaient supérieures à celles de l'Amérique du Sud (433,3 de dollars); mais inférieures à celles de l'Amérique septentrionale (3 340,9 de dollars) et des Caraïbes (1 579,7 de dollars). La croissance des exportations en Amérique centrale était supérieure à celle de l'Amérique septentrionale (7,4%), de l'Amérique du Sud (6,4%) et des Caraïbes (3,1%).

Les leaders. La valeur des exportations en Amérique centrale dans les années 1990 comprenait: Mexique (81,6%), Panama (6,8%), Costa Rica (3,8%), Guatemala (2,8%), Honduras (2,4%), autres (2,6%). La part des exportations dans le PIB des leaders: Panama (82,2%), Honduras (53,5%), Costa Rica (38,7%), Guatemala (25,4%), Mexique (19,6%). Les exportations par habitant en Amérique centrale parmi les leaders: Panama (2 718,5 US$), Costa Rica (1 177,2 US$), Mexique (969,8 US$), Honduras (451,3 US$), Guatemala (298,4 US$). La croissance des exportations en Amérique centrale parmi les leaders: Mexique (12,6%), Costa Rica (9,1%), Guatemala (5,8%), Panama (1,8%), Honduras (0,59%).

Les années 2000

Les exportations de l'Amérique centrale étaient de 263,1 milliards de dollars par an dans les années 2000 à égalité avec l'Asie du Sud (259,8 milliards de dollars). La part dans le monde était de 2,1% et de 10,8% dans les Amériques.

La part des exportations dans le PIB de l'Amérique centrale était de 27,3% dans les années 2000, à égalité avec la Micronésie (27,3%), Monaco (27,2%), la France (27,2%).

Les exportations par habitant en Amérique centrale étaient de 1813.7 dollars dans les années 2000, à égalité avec la Grenade (1 818,3 de dollars), Saint-Vincent-et-les-Grenadines (1 778,6 de dollars), la Russie (1 774,6 de dollars). Les exportations par habitant en

Chapitre X. Exportations

Amérique centrale étaient 6,2% inférieures les exportations par habitant au Monde (1 933,7 US$), et 34,8% inférieures les exportations par habitant dans les Amériques (2 781,7 US$).

La croissance des exportations en Amérique centrale était de 2.9% dans les années 2000, à égalité avec la Belgique (3,0%). La croissance des exportations en Amérique centrale (2,9%) a été inférieure à celle du monde (4,8%), et supérieure à celle des Amériques (2,9%).

Comparaison avec les sous-régions. Les exportations de l'Amérique centrale étaient supérieures à celles des Caraïbes (111,9 milliards de dollars); mais inférieures à celles de l'Amérique septentrionale (1,7 billions de dollars) et de l'Amérique du Sud (348,2 milliards de dollars). Les exportations par habitant en Amérique centrale étaient supérieures à celles de l'Amérique du Sud (943,9 de dollars); mais inférieures à celles de l'Amérique septentrionale (5 277,7 de dollars) et des Caraïbes (2 898,9 de dollars). La croissance des exportations en Amérique centrale était supérieure à celle de l'Amérique septentrionale (2,5%); mais inférieure à celle de l'Amérique du Sud (4,7%) et des Caraïbes (3,4%).

Les leaders. La valeur des exportations en Amérique centrale dans les années 2000 comprenait: Mexique (85,3%), Panama (4,6%), Costa Rica (3,3%), Guatemala (2,4%), Honduras (2,0%), autres (2,4%). La part des exportations dans le PIB des leaders: Panama (71,4%), Honduras (52,3%), Costa Rica (40,4%), Mexique (25,9%), Guatemala (23,9%). Les exportations par habitant en Amérique centrale parmi les leaders: Panama (3 686,5 US$), Mexique (2 127,8 US$), Costa Rica (2 031,7 US$), Honduras (719,0 US$), Guatemala (492,0 US$). La croissance des exportations en Amérique centrale parmi les leaders: Panama (8,1%), Costa Rica (3,7%), Honduras (3,5%), Mexique (2,6%), Guatemala (1,7%).

Les années 2010

Les exportations de l'Amérique centrale étaient de 487,6 milliards de dollars par an dans les années 2010 à égalité avec la Russie (488,7 milliards de dollars). La part dans le monde était de 2,1% et de 11,9% dans les Amériques.

La part des exportations dans le PIB de l'Amérique centrale était de 34,6% dans les années 2010, à égalité avec le Bhoutan (34,7%), le Mexique (34,4%).

Les exportations par habitant en Amérique centrale étaient de 2906.9 dollars dans les années 2010, à égalité avec l'Azerbaïdjan (2 909,1 de dollars), la Polynésie (2 919,7 de dollars), la Dominique (2 948,6 de dollars). Les exportations par habitant en Amérique centrale étaient 6,2% inférieures les exportations par habitant au Monde (3 098,9 US$), et 30,7% inférieures les exportations par habitant dans les Amériques (4 197,2 US$).

La croissance des exportations en Amérique centrale était de 6.2% dans les années 2010, à égalité avec la Zambie (6,2%), l'Ouzbékistan (6,2%), la Bulgarie (6,2%). La croissance des exportations en Amérique centrale (6,2%) a été supérieure à celle du monde (4,4%), et supérieure à celle des Amériques (3,6%).

Comparaison avec les sous-régions. Les exportations de l'Amérique centrale étaient 3,3 fois supérieures à celles des Caraïbes (147,9 milliards de dollars); mais 5,8 fois inférieures à celles de l'Amérique septentrionale (2,8 billions de dollars) et 24,9% inférieures à celles de l'Amérique du Sud (648,9 milliards de dollars). Les exportations par habitant en Amérique centrale étaient 83,6% supérieures à celles de l'Amérique du Sud (1 582,8 de dollars); mais 2,7 fois inférieures à celles de l'Amérique septentrionale (7 894,7 de dollars) et 18,5% inférieures à celles des Caraïbes (3 568,3 de dollars). La croissance des exportations en Amérique centrale était supérieure à celle de l'Amérique septentrionale (3,7%), de l'Amérique du Sud (2,1%) et des Caraïbes (-0,44%).

Les leaders. Les exportations de l'Amérique centrale dans les années 2010 comprennent: Mexique (84,1%), Panama (5,5%), Costa Rica (3,5%), Guatemala (2,5%), Honduras (1,9%), autres (2,6%). La part des exportations dans le PIB des leaders: Panama (52,7%), Honduras (45,3%), Mexique (34,4%), Costa Rica (32,5%), Guatemala (20,4%). Les exportations par habitant en Amérique centrale parmi les leaders: Panama (6 766,3 US$), Costa Rica (3 499,9 US$), Mexique (3 387,7 US$), Honduras (1 029,3 US$), Guatemala (757,1 US$). La croissance des exportations en Amérique centrale parmi les leaders: Mexique (6,7%), Costa Rica (5,3%), Honduras (4,8%), Guatemala (3,0%), Panama (2,9%).

Chapitre XI. Importations

La valeur des importations en Amérique centrale est passé de 15,5 milliards de dollars par an dans les années 1970 à 523,8 milliards de dollars par an dans les années 2010, c'est-à-dire 508,3 milliards de dollars ou de 33,8 fois. La variation a été de 371,0 milliards de dollars en raison de l'augmentation de 3,4 fois des prix, et de 120,0 milliards de dollars en raison de la croissance du taux par habitant de 4,7 fois, et de 17,4 milliards de dollars en raison de la croissance démographique. La croissance annuelle moyenne des importations était de 5,7%. La valeur minimale était de 6,9 milliards de dollars en 1970. La valeur maximale était de 609,3 milliards de dollars en 2018.

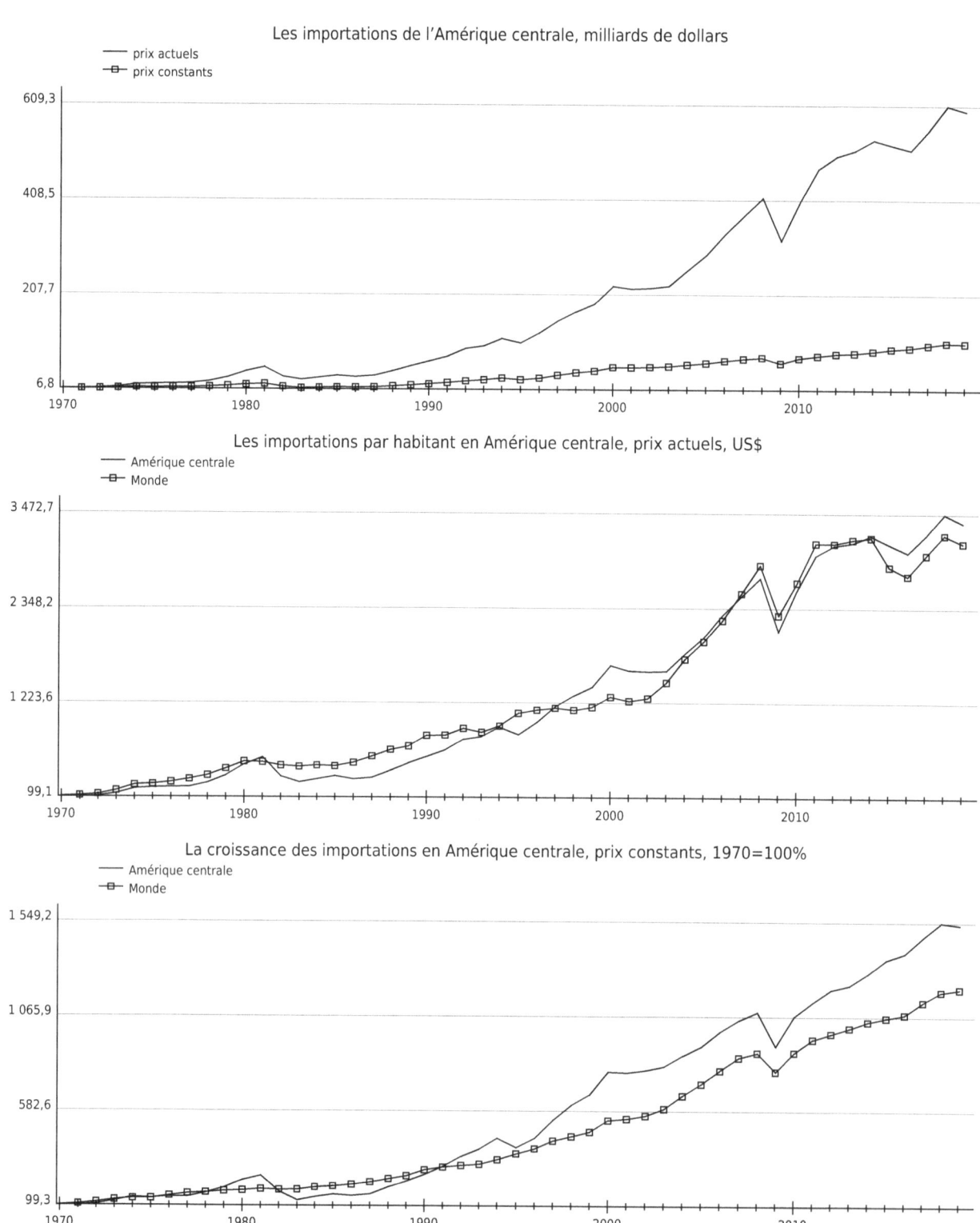

Chapitre XI. Importations

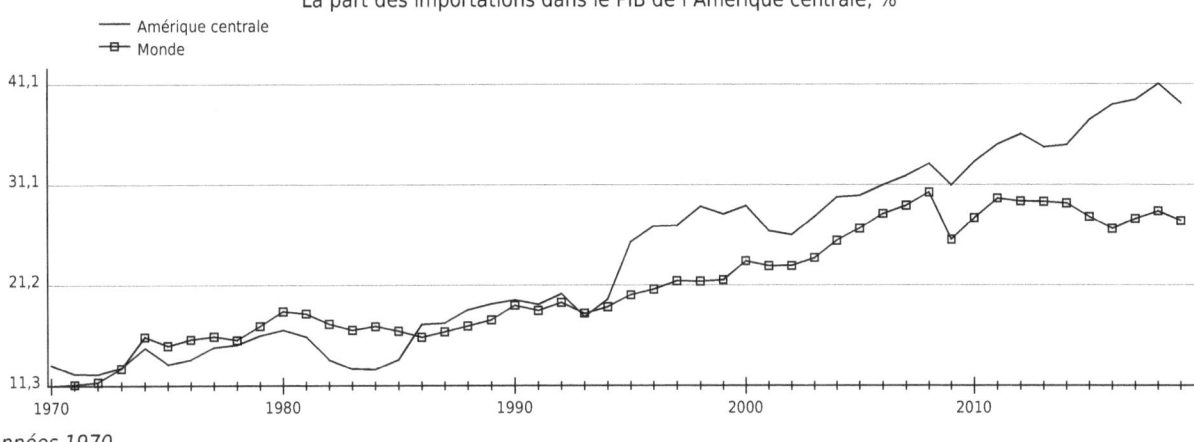

La part des importations dans le PIB de l'Amérique centrale, %

Les années 1970

La valeur des importations en Amérique centrale était de 15,5 milliards de dollars par an dans les années 1970. La part dans le monde était de 1,6% et de 6,6% dans les Amériques.

La part des importations dans le PIB de l'Amérique centrale était de 14,5% dans les années 1970, à égalité avec le Rwanda (14,5%), le Cambodge (14,4%), la Roumanie (14,6%).

Les importations par habitant en Amérique centrale étaient de 195.7 dollars dans les années 1970, à égalité avec l'Afrique centrale (195,3 de dollars), les Comores (199,3 de dollars). Les importations par habitant en Amérique centrale étaient 19,9% inférieures les importations par habitant au Monde (244,3 US$), et 2,2 fois inférieures les importations par habitant dans les Amériques (421,7 US$).

La croissance des importations en Amérique centrale était de 7.4% dans les années 1970, à égalité avec le Bénin (7,3%), le Costa Rica (7,3%), l'Est (7,4%). La croissance des importations en Amérique centrale (7,4%) a été supérieure à celle du monde (6,3%), et supérieure à celle des Amériques (5,4%).

Comparaison avec les sous-régions. La valeur des importations en Amérique centrale était inférieure à celle de l'Amérique septentrionale (171,8 milliards de dollars), de l'Amérique du Sud (32,0 milliards de dollars) et des Caraïbes (16,8 milliards de dollars). Les importations par habitant en Amérique centrale étaient supérieures à celles de l'Amérique du Sud (150,0 de dollars); mais inférieures à celles de l'Amérique septentrionale (712,3 de dollars) et des Caraïbes (635,7 de dollars). La croissance des importations en Amérique centrale était supérieure à celle de l'Amérique septentrionale (5,3%), de l'Amérique du Sud (5,2%) et des Caraïbes (4,7%).

Les leaders. La valeur des importations en Amérique centrale dans les années 1970 comprenait: Mexique (65,1%), Panama (12,1%), Guatemala (7,5%), Costa Rica (6,4%), Honduras (4,4%), autres (4,3%). La part des importations dans le PIB des leaders: Panama (92,8%), Honduras (45,9%), Costa Rica (36,4%), Guatemala (34,9%), Mexique (10,7%). Les importations par habitant en Amérique centrale parmi les leaders: Panama (1 090,9 US$), Costa Rica (479,2 US$), Honduras (219,4 US$), Guatemala (183,8 US$), Mexique (171,5 US$). La croissance des importations en Amérique centrale parmi les leaders: Mexique (8,8%), Costa Rica (7,3%), Guatemala (5,7%), Honduras (5,2%), Panama (3,3%).

Les années 1980

Les importations de l'Amérique centrale étaient de 39,2 milliards de dollars par an dans les années 1980 à égalité avec l'Est (38,7 milliards de dollars), les Caraïbes (38,6 milliards de dollars). La part dans le monde était de 1,5% et de 6,0% dans les Amériques.

La part des importations dans le PIB de l'Amérique centrale était de 16,0% dans les années 1980, à égalité avec le Pakistan (16,0%).

Les importations par habitant en Amérique centrale étaient de 387.4 dollars dans les années 1980, à égalité avec la Roumanie (386,5 de dollars), le Honduras (384,1 de dollars), le Mexique (381,1 de dollars). Les importations par habitant en Amérique centrale étaient 28,1% inférieures les importations par habitant au Monde (539,1 US$), et 2,5 fois inférieures les importations par habitant dans les Amériques (984,9 US$).

La croissance des importations en Amérique centrale était de 1.7% dans les années 1980. La croissance des importations en Amérique centrale (1,7%) a été inférieure à celle du monde (3,8%), et inférieure à celle des Amériques (3,8%).

Comparaison avec les sous-régions. La valeur des importations en Amérique centrale était supérieure à celle des Caraïbes (38,6 milliards de dollars); mais inférieure à celle de l'Amérique septentrionale (513,4 milliards de dollars) et de l'Amérique du Sud (61,1 milliards de dollars). Les importations par habitant en Amérique centrale étaient supérieures à celles de l'Amérique du Sud (230,5 de dollars); mais inférieures à celles de l'Amérique septentrionale (1 935,3 de dollars) et des Caraïbes (1 255,0 de dollars). La croissance des importations en Amérique centrale était supérieure à celle de l'Amérique du Sud (-1,5%); mais inférieure à celle de l'Amérique septentrionale (5,5%) et des Caraïbes (2,9%).

Les leaders. La valeur des importations en Amérique centrale dans les années 1980 comprenait: Mexique (73,1%), Panama (9,3%), Guatemala (5,4%), Costa Rica (4,6%), Honduras (4,1%), autres (3,5%). La part des importations dans le PIB des leaders: Panama (67,7%), Honduras (37,7%), Costa Rica (35,5%), Guatemala (28,0%), Mexique (13,2%). Les importations par habitant en Amérique centrale parmi les leaders: Panama (1 662,3 US$), Costa Rica (660,9 US$), Honduras (384,1 US$), Mexique (381,1 US$), Guatemala (261,1 US$). La croissance des importations en Amérique centrale parmi les leaders: Mexique (2,7%), Costa Rica (2,4%), Panama (1,6%), Honduras (-0,31%), Guatemala (-3,3%).

Les années 1990

La valeur des importations en Amérique centrale était de 118,8 milliards de dollars par an dans les années 1990 à égalité avec la Corée du Sud (118,6 milliards de dollars). La part dans le monde était de 2,1% et de 8,5% dans les Amériques.

La part des importations dans le PIB de l'Amérique centrale était de 23,8% dans les années 1990.

Les importations par habitant en Amérique centrale étaient de 963.1 dollars dans les années 1990, à égalité avec la Thaïlande (976,3 de dollars). Les importations par habitant en Amérique centrale étaient 5,2% inférieures les importations par habitant au Monde (1 015,5 US$), et 46,9% inférieures les importations par habitant dans les Amériques (1 812,7 US$).

La croissance des importations en Amérique centrale était de 11.5% dans les années 1990, à égalité avec la Malaisie (11,6%). La croissance des importations en Amérique centrale (11,5%) a été supérieure à celle du monde (6,6%), et supérieure à celle des Amériques (8,2%).

Comparaison avec les sous-régions. La valeur des importations en Amérique centrale était supérieure à celle des Caraïbes (54,0 milliards de dollars); mais inférieure à celle de l'Amérique septentrionale (1,1 billions de dollars) et de l'Amérique du Sud (153,8 milliards de dollars). Les importations par habitant en Amérique centrale étaient supérieures à celles de l'Amérique du Sud (481,6 de dollars); mais inférieures à celles de l'Amérique septentrionale (3 650,5 de dollars) et des Caraïbes (1 542,2 de dollars). La croissance des importations en Amérique centrale était supérieure à celle de l'Amérique du Sud (9,1%), de l'Amérique septentrionale (8,0%) et des Caraïbes (3,0%).

Les leaders. La valeur des importations en Amérique centrale dans les années 1990 comprenait: Mexique (80,2%), Panama (6,0%), Costa Rica (3,9%), Guatemala (3,6%), Salvador (2,4%), autres (3,8%). La part des importations dans le PIB des leaders: Panama (79,8%), Costa Rica (43,7%), Guatemala (35,6%), Salvador (35,2%), Mexique (21,2%). Les importations par habitant en Amérique centrale parmi les leaders: Panama (2 638,1 US$), Costa Rica (1 326,7 US$), Mexique (1 049,5 US$), Salvador (512,4 US$), Guatemala (417,4 US$). La croissance des importations en Amérique centrale parmi les leaders: Mexique (13,1%), Salvador (10,0%), Guatemala (9,1%), Costa Rica (8,1%), Panama (3,8%).

Les années 2000

Les importations de l'Amérique centrale étaient de 289,3 milliards de dollars par an dans les années 2000 à égalité avec Hong Kong (288,8 milliards de dollars), l'Asie du Sud (293,2 milliards de dollars). La part dans le monde était de 2,3% et de 9,8% dans les Amériques.

La part des importations dans le PIB de l'Amérique centrale était de 30,0% dans les années 2000, à égalité avec l'Afrique (30,1%), l'Arabie saoudite (29,9%), le Qatar (30,3%).

Les importations par habitant en Amérique centrale étaient de 1994.5 dollars dans les années 2000, à égalité avec le Botswana (1 979,6 de dollars), les Fidji (2 010,4 de dollars), l'Est (2 010,5 de dollars). Les importations par habitant en Amérique centrale étaient 5,0% supérieures les importations par habitant au Monde (1 899,9 US$), et 40,5% inférieures les importations par habitant dans les Amériques (3 354,4 US$).

La croissance des importations en Amérique centrale était de 3.2% dans les années 2000, à égalité avec Bahreïn (3,2%), le Mexique

Chapitre XI. Importations

(3,2%), Saint-Vincent-et-les-Grenadines (3,2%). La croissance des importations en Amérique centrale (3,2%) a été inférieure à celle du monde (5,1%), et inférieure à celle des Amériques (3,5%).

Comparaison avec les sous-régions. La valeur des importations en Amérique centrale était supérieure à celle des Caraïbes (100,6 milliards de dollars); mais inférieure à celle de l'Amérique septentrionale (2,3 billions de dollars) et de l'Amérique du Sud (307,0 milliards de dollars). Les importations par habitant en Amérique centrale étaient supérieures à celles de l'Amérique du Sud (832,1 de dollars); mais inférieures à celles de l'Amérique septentrionale (6 901,4 de dollars) et des Caraïbes (2 607,2 de dollars). La croissance des importations en Amérique centrale était supérieure à celle de l'Amérique septentrionale (2,7%) et des Caraïbes (2,6%); mais inférieure à celle de l'Amérique du Sud (7,1%).

Les leaders. Les importations de l'Amérique centrale dans les années 2000 comprennent: Mexique (82,7%), Panama (4,2%), Guatemala (3,7%), Costa Rica (3,2%), Honduras (2,5%), autres (3,7%). La part des importations dans le PIB des leaders: Honduras (72,5%), Panama (70,6%), Costa Rica (43,4%), Guatemala (39,8%), Mexique (27,6%). Les importations par habitant en Amérique centrale parmi les leaders: Panama (3 647,6 US$), Mexique (2 269,2 US$), Costa Rica (2 181,4 US$), Honduras (996,7 US$), Guatemala (818,1 US$). La croissance des importations en Amérique centrale parmi les leaders: Panama (6,1%), Mexique (3,2%), Honduras (2,6%), Costa Rica (2,1%), Guatemala (1,9%).

Les années 2010

La valeur des importations en Amérique centrale était de 523,8 milliards de dollars par an dans les années 2010. La part dans le monde était de 2,4% et de 11,0% dans les Amériques.

La part des importations dans le PIB de l'Amérique centrale était de 37,1% dans les années 2010, à égalité avec le Brunei (37,2%), l'Asie de l'Ouest (37,0%), l'Est (37,3%).

Les importations par habitant en Amérique centrale étaient de 3122.5 dollars dans les années 2010, à égalité avec la Turquie (3 110,9 de dollars), les Caraïbes (3 184,6 de dollars), la Micronésie (3 051,9 de dollars). Les importations par habitant en Amérique centrale étaient 3,5% supérieures les importations par habitant au Monde (3 015,6 US$), et 36,1% inférieures les importations par habitant dans les Amériques (4 884,3 US$).

La croissance des importations en Amérique centrale était de 5.3% dans les années 2010, à égalité avec la Bolivie (5,3%), la Corée du Sud (5,3%), le Belize (5,3%). La croissance des importations en Amérique centrale (5,3%) a été supérieure à celle du monde (4,4%), et supérieure à celle des Amériques (3,3%).

Comparaison avec les sous-régions. La valeur des importations en Amérique centrale était 4,0 fois supérieure à celle des Caraïbes (132,0 milliards de dollars); mais 6,5 fois inférieure à celle de l'Amérique septentrionale (3,4 billions de dollars) et 27,4% inférieure à celle de l'Amérique du Sud (721,9 milliards de dollars). Les importations par habitant en Amérique centrale étaient 77,3% supérieures à celles de l'Amérique du Sud (1 761,0 de dollars); mais 3,0 fois inférieures à celles de l'Amérique septentrionale (9 516,2 de dollars) et 2,0% inférieures à celles des Caraïbes (3 184,6 de dollars). La croissance des importations en Amérique centrale était supérieure à celle de l'Amérique septentrionale (4,3%), des Caraïbes (1,6%) et de l'Amérique du Sud (-1,4%).

Les leaders. Les importations de l'Amérique centrale dans les années 2010 comprennent: Mexique (81,4%), Panama (5,6%), Guatemala (3,6%), Costa Rica (3,3%), Honduras (2,5%), autres (3,6%). La part des importations dans le PIB des leaders: Honduras (62,8%), Panama (57,9%), Mexique (35,8%), Costa Rica (33,7%), Guatemala (31,3%). Les importations par habitant en Amérique centrale parmi les leaders: Panama (7 440,6 US$), Costa Rica (3 630,1 US$), Mexique (3 524,3 US$), Honduras (1 428,1 US$), Guatemala (1 162,8 US$). La croissance des importations en Amérique centrale parmi les leaders: Costa Rica (6,0%), Mexique (5,5%), Honduras (4,5%), Guatemala (4,4%), Panama (3,9%).

Partie IV. Consommation

Chapitre XII. Dépenses publiques

Dépenses de consommation des administrations publiques

Les dépense publique de l'Amérique centrale sont passés de 9,1 milliards de dollars par an dans les années 1970 à 171,9 milliards de dollars par an dans les années 2010, c'est-à-dire 162,8 milliards de dollars ou de 19,0 fois. La variation a été de 143,6 milliards de dollars en raison de l'augmentation de 6,1 fois des prix, et de 9,0 milliards de dollars en raison de la croissance du taux par habitant de 1,5 fois, et de 10,2 milliards de dollars en raison de la croissance démographique. La croissance annuelle moyenne des dépenses publiques était de 3,4%. La valeur minimale était de 3,3 milliards de dollars en 1970. La valeur maximale était de 189,4 milliards de dollars en 2014.

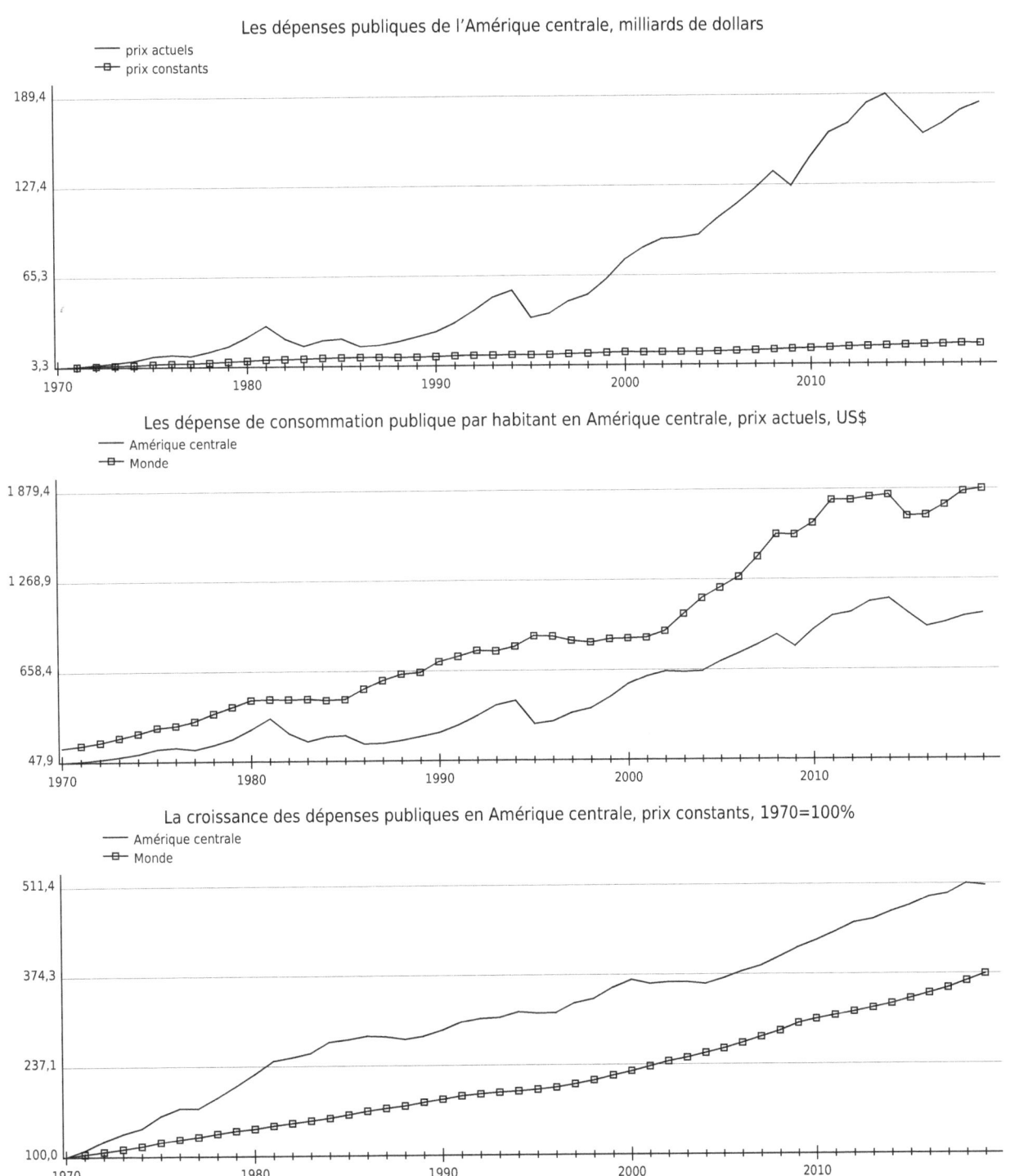

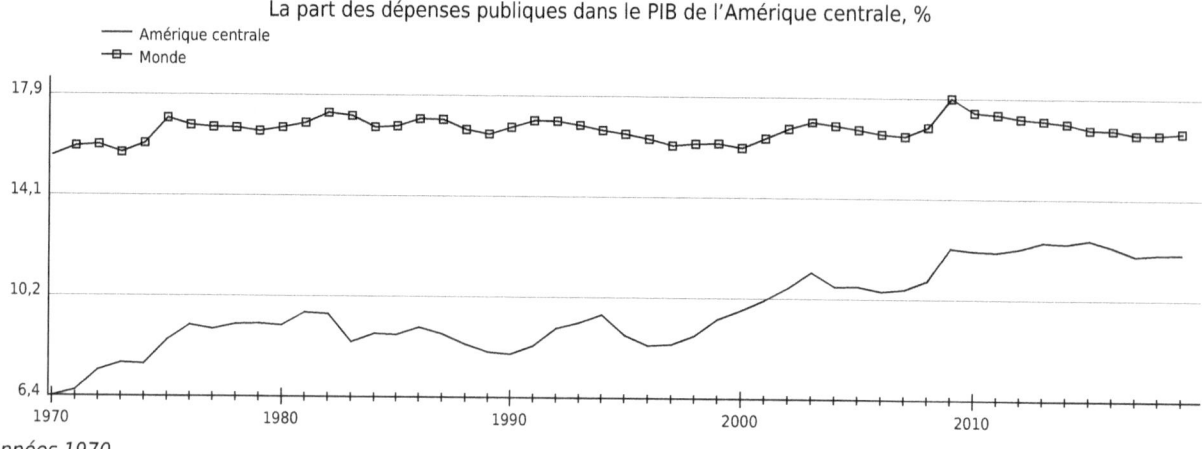

Les années 1970

Les dépense publique de l'Amérique centrale étaient de 9,1 milliards de dollars par an dans les années 1970 à égalité avec le Danemark (9,3 milliards de dollars). La part dans le monde était de 0,85% et de 2,5% dans les Amériques.

La part des dépenses publiques dans le PIB de l'Amérique centrale était de 8,5% dans les années 1970.

Les dépense de consommation publique par habitant en Amérique centrale étaient de 114.6 dollars dans les années 1970, à égalité avec la Dominique (113,9 de dollars), Sainte-Lucie (115,9 de dollars). Les dépense de consommation publique par habitant en Amérique centrale étaient 2,3 fois inférieures les dépenses publiques par habitant au Monde (265,2 US$), et 5,7 fois inférieures les dépenses publiques par habitant dans les Amériques (655,5 US$).

La croissance des dépenses publiques en Amérique centrale était de 8.4% dans les années 1970, à égalité avec le Portugal (8,4%), le Brésil (8,5%). La croissance des dépenses publiques en Amérique centrale (8,4%) a été supérieure à celle du monde (3,7%), et supérieure à celle des Amériques (2,1%).

Comparaison avec les sous-régions. Les dépense de consommation publique de l'Amérique centrale étaient supérieures à celles des Caraïbes (6,7 milliards de dollars); mais inférieures à celles de l'Amérique septentrionale (321,9 milliards de dollars) et de l'Amérique du Sud (29,3 milliards de dollars). Les dépense publique par habitant en Amérique centrale étaient inférieures à celles de l'Amérique septentrionale (1 334,8 de dollars), des Caraïbes (252,6 de dollars) et de l'Amérique du Sud (137,3 de dollars). La croissance des dépenses publiques en Amérique centrale était supérieure à celle de l'Amérique du Sud (6,5%), des Caraïbes (5,2%) et de l'Amérique septentrionale (1,2%).

Les leaders. Les dépense publique de l'Amérique centrale dans les années 1970 comprennent: Mexique (84,1%), Costa Rica (3,8%), Guatemala (3,7%), Panama (3,6%), Honduras (2,1%), autres (2,7%). La part des dépenses publiques dans le PIB des leaders: Panama (15,9%), Costa Rica (12,7%), Honduras (12,5%), Guatemala (9,9%), Mexique (8,1%). Les dépenses publiques par habitant en Amérique centrale parmi les leaders: Panama (187,2 US$), Costa Rica (167,7 US$), Mexique (129,7 US$), Honduras (59,6 US$), Guatemala (52,1 US$). La croissance des dépenses publiques en Amérique centrale parmi les leaders: Mexique (8,7%), Costa Rica (7,4%), Panama (6,5%), Honduras (5,5%), Guatemala (5,2%).

Les années 1980

Les dépenses publiques de l'Amérique centrale étaient de 21,8 milliards de dollars par an dans les années 1980. La part dans le monde était de 0,86% et de 2,6% dans les Amériques.

La part des dépenses publiques dans le PIB de l'Amérique centrale était de 8,9% dans les années 1980.

Les dépense publique par habitant en Amérique centrale étaient de 215.8 dollars dans les années 1980, à égalité avec l'Eswatini (211,0 de dollars). Les dépense de consommation publique par habitant en Amérique centrale étaient 2,4 fois inférieures les dépense de consommation publique par habitant au Monde (523,5 US$), et 6,0 fois inférieures les dépense de consommation publique par habitant dans les Amériques (1 287,2 US$).

La croissance des dépenses publiques en Amérique centrale était de 3.1% dans les années 1980, à égalité avec le Sénégal (3,1%), le Brésil (3,2%). La croissance des dépenses publiques en Amérique centrale (3,1%) a été supérieure à celle du monde (2,7%), et supérieure à celle des Amériques (2,5%).

Chapitre XII. Dépenses publiques

Comparaison avec les sous-régions. Les dépense publique de l'Amérique centrale étaient supérieures à celles des Caraïbes (14,3 milliards de dollars); mais inférieures à celles de l'Amérique septentrionale (749,7 milliards de dollars) et de l'Amérique du Sud (66,7 milliards de dollars). Les dépense publique par habitant en Amérique centrale étaient inférieures à celles de l'Amérique septentrionale (2 826,1 de dollars), des Caraïbes (464,4 de dollars) et de l'Amérique du Sud (251,5 de dollars). La croissance des dépenses publiques en Amérique centrale était supérieure à celle de l'Amérique septentrionale (2,6%) et de l'Amérique du Sud (2,1%); mais inférieure à celle des Caraïbes (3,6%).

Les leaders. Les dépense de consommation publique de l'Amérique centrale dans les années 1980 comprennent: Mexique (80,9%), Panama (4,4%), Guatemala (3,8%), Nicaragua (3,5%), Costa Rica (3,0%), autres (4,5%). La part des dépenses publiques dans le PIB des leaders: Nicaragua (22,3%), Panama (17,7%), Costa Rica (12,8%), Guatemala (10,9%), Mexique (8,2%). Les dépense publique par habitant en Amérique centrale parmi les leaders: Panama (434,8 US$), Costa Rica (238,7 US$), Mexique (235,2 US$), Nicaragua (206,7 US$), Guatemala (101,6 US$). La croissance des dépenses publiques en Amérique centrale parmi les leaders: Nicaragua (4,9%), Guatemala (3,6%), Mexique (3,3%), Panama (2,0%), Costa Rica (0,60%).

Les années 1990

Les dépenses publiques de l'Amérique centrale étaient de 44,5 milliards de dollars par an dans les années 1990. La part dans le monde était de 0,95% et de 2,9% dans les Amériques.

La part des dépenses publiques dans le PIB de l'Amérique centrale était de 8,9% dans les années 1990, à égalité avec Singapour (8,9%).

Les dépense publique par habitant en Amérique centrale étaient de 360.9 dollars dans les années 1990, à égalité avec les Tonga (370,1 de dollars). Les dépenses publiques par habitant en Amérique centrale étaient 2,3 fois inférieures les dépense de consommation publique par habitant au Monde (824,8 US$), et 5,5 fois inférieures les dépense de consommation publique par habitant dans les Amériques (1 972,7 US$).

La croissance des dépenses publiques en Amérique centrale était de 2.3% dans les années 1990, à égalité avec d'Israël (2,3%). La croissance des dépenses publiques en Amérique centrale (2,3%) a été supérieure à celle du monde (2,0%), et supérieure à celle des Amériques (1,1%).

Comparaison avec les sous-régions. Les dépense publique de l'Amérique centrale étaient supérieures à celles des Caraïbes (18,5 milliards de dollars); mais inférieures à celles de l'Amérique septentrionale (1,3 billions de dollars) et de l'Amérique du Sud (189,4 milliards de dollars). Les dépense de consommation publique par habitant en Amérique centrale étaient inférieures à celles de l'Amérique septentrionale (4 323,8 de dollars), de l'Amérique du Sud (593,0 de dollars) et des Caraïbes (528,5 de dollars). La croissance des dépenses publiques en Amérique centrale était supérieure à celle des Caraïbes (1,2%), de l'Amérique septentrionale (1,2%) et de l'Amérique du Sud (0,33%).

Les leaders. Les dépense publique de l'Amérique centrale dans les années 1990 comprennent: Mexique (87,4%), Costa Rica (3,1%), Panama (2,7%), Guatemala (2,2%), Salvador (1,9%), autres (2,7%). La part des dépenses publiques dans le PIB des leaders: Panama (13,2%), Costa Rica (13,0%), Salvador (10,7%), Mexique (8,6%), Guatemala (8,3%). Les dépense de consommation publique par habitant en Amérique centrale parmi les leaders: Panama (434,8 US$), Mexique (428,4 US$), Costa Rica (395,2 US$), Salvador (155,1 US$), Guatemala (97,2 US$). La croissance des dépenses publiques en Amérique centrale parmi les leaders: Guatemala (4,6%), Salvador (2,5%), Mexique (2,4%), Costa Rica (2,1%), Panama (1,7%).

Les années 2000

Les dépense publique de l'Amérique centrale étaient de 104,0 milliards de dollars par an dans les années 2000 à égalité avec l'Asie du Sud-Est (105,1 milliards de dollars). La part dans le monde était de 1,3% et de 4,0% dans les Amériques.

La part des dépenses publiques dans le PIB de l'Amérique centrale était de 10,8% dans les années 2000, à égalité avec l'Albanie (10,8%), Sierra Leone (10,7%), l'Inde (10,7%).

Les dépenses publiques par habitant en Amérique centrale étaient de 716.9 dollars dans les années 2000, à égalité avec la Namibie (720,3 de dollars), la Bulgarie (711,6 de dollars), le Costa Rica (706,0 de dollars). Les dépenses publiques par habitant en Amérique centrale étaient 40,3% inférieures les dépenses publiques par habitant au Monde (1 200,9 US$), et 4,1 fois inférieures les dépense publique par habitant dans les Amériques (2 931,6 US$).

La croissance des dépenses publiques en Amérique centrale était de 1.6% dans les années 2000. La croissance des dépenses publiques en Amérique centrale (1,6%) a été inférieure à celle du monde (3,1%), et inférieure à celle des Amériques (2,4%).

Comparaison avec les sous-régions. Les dépense de consommation publique de l'Amérique centrale étaient supérieures à celles des Caraïbes (35,4 milliards de dollars); mais inférieures à celles de l'Amérique septentrionale (2,1 billions de dollars) et de l'Amérique du Sud (292,8 milliards de dollars). Les dépense publique par habitant en Amérique centrale étaient inférieures à celles de l'Amérique septentrionale (6 574,0 de dollars), des Caraïbes (917,3 de dollars) et de l'Amérique du Sud (793,8 de dollars). La croissance des dépenses publiques en Amérique centrale était inférieure à celle des Caraïbes (3,9%), de l'Amérique du Sud (3,2%) et de l'Amérique septentrionale (2,3%).

Les leaders. Les dépense de consommation publique de l'Amérique centrale dans les années 2000 comprennent: Mexique (87,9%), Costa Rica (2,9%), Guatemala (2,5%), Panama (2,1%), Salvador (2,0%), autres (2,6%). La part des dépenses publiques dans le PIB des leaders: Salvador (14,3%), Costa Rica (14,1%), Panama (12,8%), Mexique (10,5%), Guatemala (9,8%). Les dépense publique par habitant en Amérique centrale parmi les leaders: Mexique (866,7 US$), Costa Rica (706,0 US$), Panama (660,7 US$), Salvador (348,2 US$), Guatemala (201,6 US$). La croissance des dépenses publiques en Amérique centrale parmi les leaders: Guatemala (4,5%), Panama (4,2%), Costa Rica (2,8%), Salvador (1,6%), Mexique (1,2%).

Les années 2010

Les dépense publique de l'Amérique centrale étaient de 171,9 milliards de dollars par an dans les années 2010. La part dans le monde était de 1,3% et de 4,4% dans les Amériques.

La part des dépenses publiques dans le PIB de l'Amérique centrale était de 12,2% dans les années 2010, à égalité avec le Pérou (12,2%), Sainte-Lucie (12,3%), la Syrie (12,1%).

Les dépense de consommation publique par habitant en Amérique centrale étaient de 1024.7 dollars dans les années 2010, à égalité avec la Thaïlande (1 023,5 de dollars), le Liban (1 044,0 de dollars). Les dépense de consommation publique par habitant en Amérique centrale étaient 42,6% inférieures les dépense de consommation publique par habitant au Monde (1 785,1 US$), et 3,9 fois inférieures les dépense publique par habitant dans les Amériques (4 034,3 US$).

La croissance des dépenses publiques en Amérique centrale était de 2.1% dans les années 2010. La croissance des dépenses publiques en Amérique centrale (2,1%) a été inférieure à celle du monde (2,3%), et supérieure à celle des Amériques (0,45%).

Comparaison avec les sous-régions. Les dépenses publiques de l'Amérique centrale étaient 3,1 fois supérieures à celles des Caraïbes (55,0 milliards de dollars); mais 17,5 fois inférieures à celles de l'Amérique septentrionale (3,0 billions de dollars) et 4,0 fois inférieures à celles de l'Amérique du Sud (691,8 milliards de dollars). Les dépense publique par habitant en Amérique centrale étaient 8,3 fois inférieures à celles de l'Amérique septentrionale (8 476,9 de dollars), 39,3% inférieures à celles de l'Amérique du Sud (1 687,7 de dollars) et 22,8% inférieures à celles des Caraïbes (1 326,5 de dollars). La croissance des dépenses publiques en Amérique centrale était supérieure à celle de l'Amérique du Sud (1,5%), des Caraïbes (0,68%) et de l'Amérique septentrionale (0,15%).

Les leaders. Les dépense de consommation publique de l'Amérique centrale dans les années 2010 comprennent: Mexique (82,6%), Costa Rica (5,2%), Guatemala (3,8%), Panama (3,3%), Salvador (2,2%), autres (2,9%). La part des dépenses publiques dans le PIB des leaders: Costa Rica (17,2%), Salvador (16,0%), Mexique (11,9%), Panama (11,2%), Guatemala (11,0%). Les dépenses publiques par habitant en Amérique centrale parmi les leaders: Costa Rica (1 856,8 US$), Panama (1 439,2 US$), Mexique (1 173,5 US$), Salvador (585,6 US$), Guatemala (407,1 US$). La croissance des dépenses publiques en Amérique centrale parmi les leaders: Panama (5,4%), Guatemala (3,6%), Costa Rica (2,4%), Mexique (1,9%), Salvador (1,3%).

Chapitre XIII. Dépenses ménagères

Dépenses de consommation des ménages

Les dépenses ménagères de l'Amérique centrale sont passés de 75,5 milliards de dollars par an dans les années 1970 à 935,5 milliards de dollars par an dans les années 2010, c'est-à-dire 860,0 milliards de dollars ou de 12,4 fois. La variation a été de 696,4 milliards de dollars en raison de l'augmentation de 3,9 fois des prix, et de 78,9 milliards de dollars en raison de la croissance du taux par habitant de 1,5 fois, et de 84,7 milliards de dollars en raison de la croissance démographique. La croissance annuelle moyenne des dépenses ménagères était de 3,1%. La valeur minimale était de 38,4 milliards de dollars en 1970. La valeur maximale était de 1,0 billions de dollars en 2014.

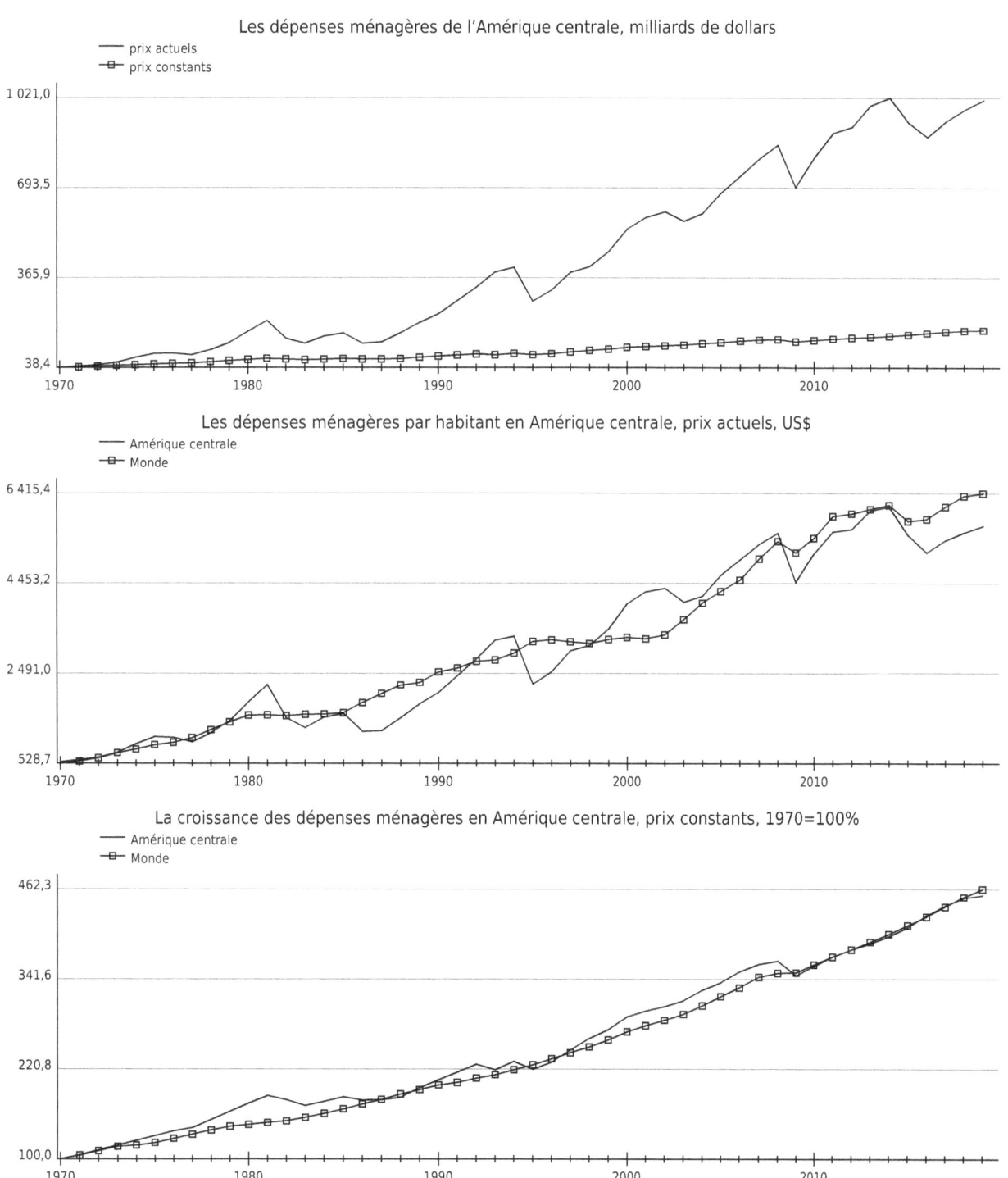

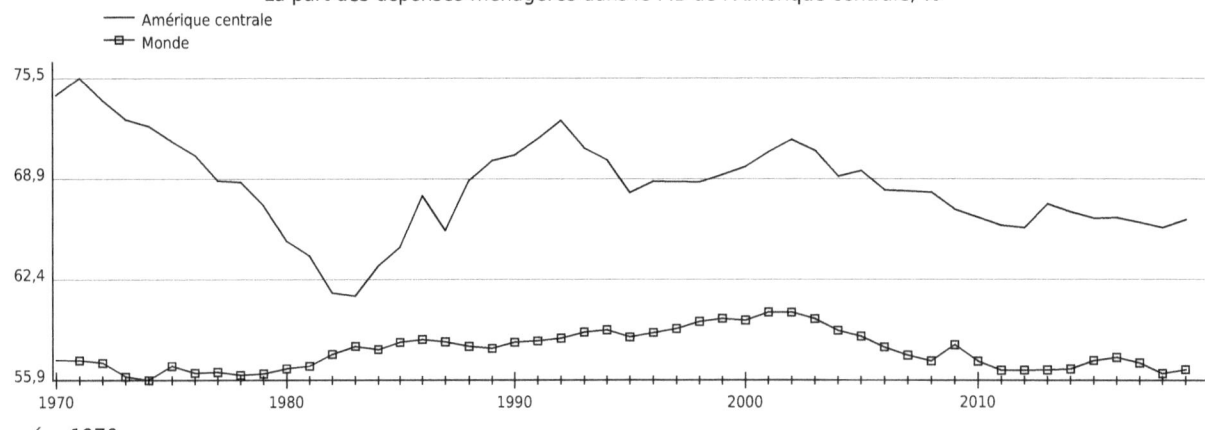

Les années 1970

Les dépenses ménagères de l'Amérique centrale étaient de 75,5 milliards de dollars par an dans les années 1970 à égalité avec l'Asie de l'Ouest (77,4 milliards de dollars). La part dans le monde était de 2,0% et de 5,5% dans les Amériques.

La part des dépenses ménagères dans le PIB de l'Amérique centrale était de 70,6% dans les années 1970, à égalité avec l'Asie du Sud (70,6%), le Guyana (70,6%), le Honduras (70,7%).

Les dépenses ménagères par habitant en Amérique centrale étaient de 955 dollars dans les années 1970, à égalité avec le Chili (933,6 de dollars). Les dépenses ménagères par habitant en Amérique centrale étaient 4,4% supérieures les dépenses ménagères par habitant au Monde (914,8 US$), et 2,6 fois inférieures les dépenses ménagères par habitant dans les Amériques (2 467,5 US$).

La croissance des dépenses ménagères en Amérique centrale était de 5.6% dans les années 1970, à égalité avec la Colombie (5,7%). La croissance des dépenses ménagères en Amérique centrale (5,6%) a été supérieure à celle du monde (4,1%), et supérieure à celle des Amériques (4,1%).

Comparaison avec les sous-régions. Les dépenses ménagères de l'Amérique centrale étaient supérieures à celles des Caraïbes (21,5 milliards de dollars); mais inférieures à celles de l'Amérique septentrionale (1,1 billions de dollars) et de l'Amérique du Sud (158,1 milliards de dollars). Les dépenses ménagères par habitant en Amérique centrale étaient supérieures à celles des Caraïbes (811,8 de dollars) et de l'Amérique du Sud (742,2 de dollars); mais inférieures à celles de l'Amérique septentrionale (4 669,5 de dollars). La croissance des dépenses ménagères en Amérique centrale était supérieure à celle des Caraïbes (4,6%) et de l'Amérique septentrionale (3,7%); mais inférieure à celle de l'Amérique du Sud (6,0%).

Les leaders. Les dépenses ménagères de l'Amérique centrale dans les années 1970 comprennent: Mexique (87,9%), Guatemala (3,4%), Costa Rica (3,0%), Nicaragua (1,9%), Panama (1,8%), autres (2,1%). La part des dépenses ménagères dans le PIB des leaders: Costa Rica (83,9%), Guatemala (75,7%), Mexique (70,2%), Nicaragua (67,3%), Panama (65,4%). Les dépenses ménagères par habitant en Amérique centrale parmi les leaders: Mexique (1 128,9 US$), Costa Rica (1 104,8 US$), Panama (769,2 US$), Nicaragua (514,7 US$), Guatemala (399,3 US$). La croissance des dépenses ménagères en Amérique centrale parmi les leaders: Mexique (5,9%), Guatemala (5,4%), Costa Rica (5,0%), Panama (4,1%), Nicaragua (-0,35%).

Les années 1980

Les dépenses ménagères de l'Amérique centrale étaient de 159,6 milliards de dollars par an dans les années 1980 à égalité avec l'Espagne (159,2 milliards de dollars). La part dans le monde était de 1,8% et de 4,7% dans les Amériques.

La part des dépenses ménagères dans le PIB de l'Amérique centrale était de 65,2% dans les années 1980, à égalité avec la Namibie (65,4%), la Barbade (65,1%), le Brésil (65,5%).

Les dépenses ménagères par habitant en Amérique centrale étaient de 1577.4 dollars dans les années 1980, à égalité avec la Tchécoslovaquie (1 604,1 de dollars), la Yougoslavie (1 547,8 de dollars), l'URSS (1 542,8 de dollars). Les dépenses ménagères par habitant en Amérique centrale étaient 12,8% inférieures les dépenses ménagères par habitant au Monde (1 808,0 US$), et 3,2 fois inférieures les dépenses ménagères par habitant dans les Amériques (5 090,2 US$).

La croissance des dépenses ménagères en Amérique centrale était de 1.8% dans les années 1980, à égalité avec la Tchécoslovaquie (1,8%), le Bénin (1,8%). La croissance des dépenses ménagères en Amérique centrale (1,8%) a été inférieure à celle du monde (3,0%),

Chapitre XIII. Dépenses ménagères

et inférieure à celle des Amériques (2,9%).

Comparaison avec les sous-régions. Les dépenses ménagères de l'Amérique centrale étaient supérieures à celles des Caraïbes (46,7 milliards de dollars); mais inférieures à celles de l'Amérique septentrionale (2,8 billions de dollars) et de l'Amérique du Sud (343,2 milliards de dollars). Les dépenses ménagères par habitant en Amérique centrale étaient supérieures à celles des Caraïbes (1 517,8 de dollars) et de l'Amérique du Sud (1 294,7 de dollars); mais inférieures à celles de l'Amérique septentrionale (10 636,8 de dollars). La croissance des dépenses ménagères en Amérique centrale était supérieure à celle de l'Amérique du Sud (1,6%); mais inférieure à celle de l'Amérique septentrionale (3,2%) et des Caraïbes (2,6%).

Les leaders. Les dépenses ménagères de l'Amérique centrale dans les années 1980 comprennent: Mexique (87,2%), Guatemala (3,8%), Costa Rica (2,4%), Panama (2,2%), Honduras (2,0%), autres (2,4%). La part des dépenses ménagères dans le PIB des leaders: Guatemala (80,2%), Costa Rica (74,8%), Honduras (72,3%), Panama (65,8%), Mexique (64,3%). Les dépenses ménagères par habitant en Amérique centrale parmi les leaders: Mexique (1 852,2 US$), Panama (1 615,0 US$), Costa Rica (1 391,2 US$), Guatemala (748,0 US$), Honduras (735,8 US$). La croissance des dépenses ménagères en Amérique centrale parmi les leaders: Panama (3,3%), Honduras (3,1%), Mexique (1,9%), Guatemala (1,3%), Costa Rica (1,2%).

Les années 1990

Les dépenses ménagères de l'Amérique centrale étaient de 348,8 milliards de dollars par an dans les années 1990 à égalité avec le Canada (349,9 milliards de dollars). La part dans le monde était de 2,1% et de 5,4% dans les Amériques.

La part des dépenses ménagères dans le PIB de l'Amérique centrale était de 69,8% dans les années 1990, à égalité avec le Kazakhstan (69,6%), le Mexique (69,3%), la Syrie (70,4%).

Les dépenses ménagères par habitant en Amérique centrale étaient de 2826.8 dollars dans les années 1990, à égalité avec le Chili (2 819,1 de dollars), la Dominique (2 808,7 de dollars), les Seychelles (2 792,5 de dollars). Les dépenses ménagères par habitant en Amérique centrale étaient 4,6% inférieures les dépenses ménagères par habitant au Monde (2 963,9 US$), et 3,0 fois inférieures les dépenses ménagères par habitant dans les Amériques (8 394,4 US$).

La croissance des dépenses ménagères en Amérique centrale était de 3.4% dans les années 1990, à égalité avec le Malawi (3,4%). La croissance des dépenses ménagères en Amérique centrale (3,4%) a été supérieure à celle du monde (3,0%), et supérieure à celle des Amériques (3,3%).

Comparaison avec les sous-régions. Les dépenses ménagères de l'Amérique centrale étaient supérieures à celles des Caraïbes (74,4 milliards de dollars); mais inférieures à celles de l'Amérique septentrionale (5,3 billions de dollars) et de l'Amérique du Sud (797,3 milliards de dollars). Les dépenses ménagères par habitant en Amérique centrale étaient supérieures à celles de l'Amérique du Sud (2 496,2 de dollars) et des Caraïbes (2 124,2 de dollars); mais inférieures à celles de l'Amérique septentrionale (17 900,7 de dollars). La croissance des dépenses ménagères en Amérique centrale était supérieure à celle de l'Amérique septentrionale (3,3%) et des Caraïbes (2,3%); mais inférieure à celle de l'Amérique du Sud (3,6%).

Les leaders. Les dépenses ménagères de l'Amérique centrale dans les années 1990 comprennent: Mexique (89,5%), Guatemala (2,9%), Costa Rica (2,2%), Salvador (2,0%), Panama (1,5%), autres (2,0%). La part des dépenses ménagères dans le PIB des leaders: Salvador (85,3%), Guatemala (82,9%), Costa Rica (71,4%), Mexique (69,3%), Panama (59,9%). Les dépenses ménagères par habitant en Amérique centrale parmi les leaders: Mexique (3 435,3 US$), Costa Rica (2 170,5 US$), Panama (1 980,4 US$), Salvador (1 241,7 US$), Guatemala (973,3 US$). La croissance des dépenses ménagères en Amérique centrale parmi les leaders: Salvador (4,9%), Panama (4,3%), Costa Rica (4,2%), Guatemala (4,0%), Mexique (3,3%).

Les années 2000

Les dépenses ménagères de l'Amérique centrale étaient de 665,9 milliards de dollars par an dans les années 2000 à égalité avec l'Afrique (667,1 milliards de dollars). La part dans le monde était de 2,4% et de 6,1% dans les Amériques.

La part des dépenses ménagères dans le PIB de l'Amérique centrale était de 69,1% dans les années 2000, à égalité avec la Barbade (69,0%), le Cameroun (68,8%), Madagascar (68,8%).

Les dépenses ménagères par habitant en Amérique centrale étaient de 4590.6 dollars dans les années 2000, à égalité avec la Dominique (4 510,1 de dollars). Les dépenses ménagères par habitant en Amérique centrale étaient 9,1% supérieures les dépenses ménagères par habitant au Monde (4 208,2 US$), et 2,7 fois inférieures les dépenses ménagères par habitant dans les Amériques (12

522,4 US$).

La croissance des dépenses ménagères en Amérique centrale était de 2.4% dans les années 2000, à égalité avec les Comores (2,4%), le Lesotho (2,4%). La croissance des dépenses ménagères en Amérique centrale (2,4%) a été inférieure à celle du monde (3,0%), et inférieure à celle des Amériques (2,7%).

Comparaison avec les sous-régions. Les dépenses ménagères de l'Amérique centrale étaient supérieures à celles des Caraïbes (131,3 milliards de dollars); mais inférieures à celles de l'Amérique septentrionale (9,1 billions de dollars) et de l'Amérique du Sud (1,1 billions de dollars). Les dépenses ménagères par habitant en Amérique centrale étaient supérieures à celles des Caraïbes (3 403,4 de dollars) et de l'Amérique du Sud (3 059,8 de dollars); mais inférieures à celles de l'Amérique septentrionale (27 835,9 de dollars). La croissance des dépenses ménagères en Amérique centrale était inférieure à celle de l'Amérique du Sud (3,9%), des Caraïbes (2,7%) et de l'Amérique septentrionale (2,5%).

Les leaders. Les dépenses ménagères de l'Amérique centrale dans les années 2000 comprennent: Mexique (88,9%), Guatemala (3,4%), Costa Rica (2,2%), Salvador (1,9%), Panama (1,5%), autres (2,1%). La part des dépenses ménagères dans le PIB des leaders: Salvador (87,2%), Guatemala (85,2%), Mexique (68,3%), Costa Rica (68,1%), Panama (59,2%). Les dépenses ménagères par habitant en Amérique centrale parmi les leaders: Mexique (5 613,8 US$), Costa Rica (3 421,1 US$), Panama (3 056,8 US$), Salvador (2 124,8 US$), Guatemala (1 754,2 US$). La croissance des dépenses ménagères en Amérique centrale parmi les leaders: Panama (4,5%), Costa Rica (3,8%), Guatemala (3,7%), Mexique (2,2%), Salvador (2,1%).

Les années 2010

Les dépenses ménagères de l'Amérique centrale étaient de 935,5 milliards de dollars par an dans les années 2010 à égalité avec l'Océanie (944,5 milliards de dollars), l'Australasie (915,5 milliards de dollars), la Russie (914,4 milliards de dollars). La part dans le monde était de 2,1% et de 5,5% dans les Amériques.

La part des dépenses ménagères dans le PIB de l'Amérique centrale était de 66,3% dans les années 2010, à égalité avec Chypre (66,3%), Hong Kong (66,1%), Saint-Martin (66,5%).

Les dépenses ménagères par habitant en Amérique centrale étaient de 5577.1 dollars dans les années 2010, à égalité avec Saint-Vincent-et-les-Grenadines (5 554,4 de dollars), la Malaisie (5 635,2 de dollars). Les dépenses ménagères par habitant en Amérique centrale étaient 7,3% inférieures les dépenses ménagères par habitant au Monde (6 018,5 US$), et 3,1 fois inférieures les dépenses ménagères par habitant dans les Amériques (17 389,9 US$).

La croissance des dépenses ménagères en Amérique centrale était de 2.8% dans les années 2010, à égalité avec la Bulgarie (2,8%), Montserrat (2,8%), les Tonga (2,8%). La croissance des dépenses ménagères en Amérique centrale (2,8%) a été inférieure à celle du monde (2,8%), et supérieure à celle des Amériques (2,2%).

Comparaison avec les sous-régions. Les dépenses ménagères de l'Amérique centrale étaient 4,3 fois supérieures à celles des Caraïbes (216,1 milliards de dollars); mais 14,1 fois inférieures à celles de l'Amérique septentrionale (13,2 billions de dollars) et 2,8 fois inférieures à celles de l'Amérique du Sud (2,6 billions de dollars). Les dépenses ménagères par habitant en Amérique centrale étaient 6,9% supérieures à celles des Caraïbes (5 215,1 de dollars); mais 6,6 fois inférieures à celles de l'Amérique septentrionale (37 055,5 de dollars) et 12,9% inférieures à celles de l'Amérique du Sud (6 403,5 de dollars). La croissance des dépenses ménagères en Amérique centrale était supérieure à celle de l'Amérique septentrionale (2,4%), des Caraïbes (2,4%) et de l'Amérique du Sud (1,1%).

Les leaders. Les dépenses ménagères de l'Amérique centrale dans les années 2010 comprennent: Mexique (83,3%), Guatemala (5,4%), Costa Rica (3,6%), Panama (2,8%), Salvador (2,1%), autres (2,8%). La part des dépenses ménagères dans le PIB des leaders: Salvador (85,3%), Guatemala (85,0%), Mexique (65,4%), Costa Rica (64,9%), Panama (52,5%). Les dépenses ménagères par habitant en Amérique centrale parmi les leaders: Costa Rica (6 990,8 US$), Panama (6 744,3 US$), Mexique (6 436,9 US$), Guatemala (3 156,2 US$), Salvador (3 114,0 US$). La croissance des dépenses ménagères en Amérique centrale parmi les leaders: Panama (5,0%), Costa Rica (4,0%), Guatemala (3,9%), Mexique (2,5%), Salvador (2,2%).

Chapitre XIV. Consommation de nourriture

Au cours de la période de recherche, la consommation alimentaire des produits suivants a augmenté: noix (de 3,1 fois), œufs (de 2,5 fois), poisson (de 2,2 fois), viande (de 2,1 fois), épices (de 2,1 fois), huiles végétales (de 78,1%), légumes (de 73,3%), alcool (de 67,1%), racines riches (de 46,2%), sucre (de 25,0%), fruits (de 23,1%), lait (de 18,3%), mais diminué pour les produits suivants: céréales (de 0,21%), légumineuses (de 12,8%), stimulants (de 28,4%).

Voici les coefficients de corrélation entre le RNB par habitant à prix constants et la consommation alimentaire: viande (0.982), œufs (0.98), alcool (0.949), racines riches (0.947), lait (0.913), sucre (0.903), légumes (0.882), épices (0.865), noix (0.81), huiles végétales (0.79), fruits (0.779), poisson (0.77), céréales (-0.354), stimulants (-0.684), légumineuses (-0.72).

Les années 1970

La consommation de kcal en Amérique centrale était de 2 525,0 kcal/jour par habitant dans les années 1970 à égalité avec le Maroc (2 524,9 kcal/jour par habitant), l'Albanie (2 533,5 kcal/jour par habitant), l'Amérique du Sud (2 514,6 kcal/jour par habitant). La consommation de kcal en Amérique centrale était supérieur à celui dans le monde (2 403,2 kcal/jour par habitant), et était inférieur à celui dans les Amériques (2 754,7 kcal/jour par habitant). La consommation de kcal avait la structure suivante: céréales (51.8%), sucre (15%), huiles végétales (5.7%), viande (5.7%), lait (5.5%), et d'autres (16.3%).

La consommation de protéines en Amérique centrale était de 65,9 g/jour par habitant dans les années 1970 à égalité avec la Namibie (66,1 g/jour par habitant), les Maldives (65,6 g/jour par habitant), Cuba (66,6 g/jour par habitant). La consommation de protéines en Amérique centrale était supérieur à celui dans le monde (65,0 g/jour par habitant), et était inférieur à celui dans les Amériques (79,0 g/jour par habitant). La consommation de protéines avait la structure suivante: céréales (50.9%), viande (13.2%), lait (12.2%), légumineuses (11.1%), œufs (2.6%), et d'autres (10%).

La consommation de graisse en Amérique centrale était de 57,9 g/jour par habitant dans les années 1970 à égalité avec Saint-Vincent-et-les-Grenadines (57,9 g/jour par habitant), Sainte-Lucie (57,7 g/jour par habitant), Sierra Leone (58,4 g/jour par habitant). La consommation de graisse en Amérique centrale était supérieur à celui dans le monde (55,1 g/jour par habitant), et était inférieur à celui dans les Amériques (85,8 g/jour par habitant). La consommation de graisse avait la structure suivante: huiles végétales (28.2%), viande (20.6%), céréales (20.5%), lait (12.7%), œufs (2.5%), et d'autres (15.5%).

Voici les niveaux de consommation alimentaire: céréales (151,3 kg/habitant/an), lait (88,4 kg/habitant/an), fruits (75,8 kg/habitant/an), sucre (38,8 kg/habitant/an), légumes (31,0 kg/habitant/an), alcool (27,4 kg/habitant/an), viande (25,3 kg/habitant/an), légumineuses (13,6 kg/habitant/an), racines riches (11,3 kg/habitant/an), œufs (6,1 kg/habitant/an), huiles végétales (5,9 kg/habitant/an), poisson (4,4 kg/habitant/an), stimulants (2,0 kg/habitant/an), épices (0,43 kg/habitant/an), noix (0,37 kg/habitant/an).

Les années 1980

La consommation de kcal en Amérique centrale était de 2 851,1 kcal/jour par habitant dans les années 1980 à égalité avec le Japon (2 855,7 kcal/jour par habitant), le Maroc (2 859,4 kcal/jour par habitant), l'Afrique du Sud (2 862,2 kcal/jour par habitant). La consommation de kcal en Amérique centrale était supérieur à celui dans le monde (2 572,3 kcal/jour par habitant), et était inférieur à celui dans les Amériques (2 917,7 kcal/jour par habitant). La consommation de kcal avait la structure suivante: céréales (48.6%), sucre (14.9%), huiles végétales (7.9%), viande (6.4%), légumineuses (5.1%), et d'autres (17.1%).

La consommation de protéines en Amérique centrale était de 75,1 g/jour par habitant dans les années 1980 à égalité avec la Mongolie (75,2 g/jour par habitant). La consommation de protéines en Amérique centrale était supérieur à celui dans le monde (69,1 g/jour par habitant), et était inférieur à celui dans les Amériques (81,7 g/jour par habitant). La consommation de protéines avait la structure suivante: céréales (47.3%), viande (15%), légumineuses (11.5%), lait (11.3%), œufs (3.2%), et d'autres (11.7%).

La consommation de graisse en Amérique centrale était de 73,5 g/jour par habitant dans les années 1980 à égalité avec la Grenade (73,6 g/jour par habitant). La consommation de graisse en Amérique centrale était supérieur à celui dans le monde (63,2 g/jour par habitant), et était inférieur à celui dans les Amériques (96,3 g/jour par habitant). La consommation de graisse avait la structure suivante: huiles végétales (34.8%), viande (20.2%), céréales (16.7%), lait (9.7%), œufs (2.8%), et d'autres (15.8%).

Voici les niveaux de consommation alimentaire: céréales (162,7 kg/habitant/an), lait (93,6 kg/habitant/an), fruits (88,1 kg/habitant/an), sucre (43,6 kg/habitant/an), légumes (40,0 kg/habitant/an), viande (33,0 kg/habitant/an), alcool (32,5 kg/habitant/an), légumineuses

(15,4 kg/habitant/an), racines riches (11,5 kg/habitant/an), huiles végétales (9,3 kg/habitant/an), œufs (8,6 kg/habitant/an), poisson (8,5 kg/habitant/an), stimulants (2,1 kg/habitant/an), épices (0,53 kg/habitant/an), noix (0,41 kg/habitant/an).

Les années 1990

La consommation de kcal en Amérique centrale était de 2 813,0 kcal/jour par habitant dans les années 1990 à égalité avec la Polynésie française (2 811,6 kcal/jour par habitant), le Brésil (2 808,3 kcal/jour par habitant), l'Afrique du Sud (2 820,9 kcal/jour par habitant). La consommation de kcal en Amérique centrale était supérieur à celui dans le monde (2 652,6 kcal/jour par habitant), et était inférieur à celui dans les Amériques (3 035,8 kcal/jour par habitant). La consommation de kcal avait la structure suivante: céréales (47.1%), sucre (15.9%), huiles végétales (8.4%), viande (6.3%), lait (4.8%), et d'autres (17.5%).

La consommation de protéines en Amérique centrale était de 74,7 g/jour par habitant dans les années 1990 à égalité avec le Paraguay (74,9 g/jour par habitant), l'Ouzbékistan (75,0 g/jour par habitant), le Chili (75,0 g/jour par habitant). La consommation de protéines en Amérique centrale était supérieur à celui dans le monde (72,1 g/jour par habitant), et était inférieur à celui dans les Amériques (86,2 g/jour par habitant). La consommation de protéines avait la structure suivante: céréales (45.6%), viande (17.2%), lait (10.8%), légumineuses (9.7%), œufs (3.8%), et d'autres (12.9%).

La consommation de graisse en Amérique centrale était de 73,9 g/jour par habitant dans les années 1990 à égalité avec la Lituanie (74,0 g/jour par habitant), le Chili (74,2 g/jour par habitant), l'Albanie (73,4 g/jour par habitant). La consommation de graisse en Amérique centrale était supérieur à celui dans le monde (69,0 g/jour par habitant), et était inférieur à celui dans les Amériques (100,9 g/jour par habitant). La consommation de graisse avait la structure suivante: huiles végétales (35.9%), viande (18.2%), céréales (15.9%), lait (9.6%), œufs (3.3%), et d'autres (17.1%).

Voici les niveaux de consommation alimentaire: céréales (158,8 kg/habitant/an), fruits (90,0 kg/habitant/an), lait (89,5 kg/habitant/an), légumes (46,6 kg/habitant/an), sucre (46,1 kg/habitant/an), alcool (39,4 kg/habitant/an), viande (37,5 kg/habitant/an), légumineuses (12,8 kg/habitant/an), racines riches (12,8 kg/habitant/an), œufs (10,4 kg/habitant/an), huiles végétales (9,7 kg/habitant/an), poisson (8,7 kg/habitant/an), stimulants (2,2 kg/habitant/an), épices (0,83 kg/habitant/an), noix (0,74 kg/habitant/an).

Les années 2000

La consommation de kcal en Amérique centrale était de 2 922,0 kcal/jour par habitant dans les années 2000 à égalité avec la Croatie (2 921,9 kcal/jour par habitant), l'Afrique du Sud (2 922,9 kcal/jour par habitant), le Brunei (2 923,3 kcal/jour par habitant). La consommation de kcal en Amérique centrale était supérieur à celui dans le monde (2 765,9 kcal/jour par habitant), et était inférieur à celui dans les Amériques (3 186,4 kcal/jour par habitant). La consommation de kcal avait la structure suivante: céréales (44.3%), sucre (15.8%), viande (8%), huiles végétales (7.9%), lait (5.4%), et d'autres (18.6%).

La consommation de protéines en Amérique centrale était de 81,5 g/jour par habitant dans les années 2000 à égalité avec la Nouvelle-Calédonie (81,6 g/jour par habitant), Chypre (81,3 g/jour par habitant), l'Algérie (82,0 g/jour par habitant). La consommation de protéines en Amérique centrale était supérieur à celui dans le monde (76,5 g/jour par habitant), et était inférieur à celui dans les Amériques (91,2 g/jour par habitant). La consommation de protéines avait la structure suivante: céréales (40.8%), viande (20.7%), lait (11.5%), légumineuses (8.3%), œufs (4.8%), et d'autres (13.9%).

La consommation de graisse en Amérique centrale était de 81,5 g/jour par habitant dans les années 2000 à égalité avec la Chine (81,5 g/jour par habitant), la Dominique (81,3 g/jour par habitant), Saint-Christophe-et-Niévès (82,3 g/jour par habitant). La consommation de graisse en Amérique centrale était supérieur à celui dans le monde (76,9 g/jour par habitant), et était inférieur à celui dans les Amériques (113,5 g/jour par habitant). La consommation de graisse avait la structure suivante: huiles végétales (32.2%), viande (22.1%), céréales (14.1%), lait (10.5%), œufs (4.2%), et d'autres (16.9%).

Voici les niveaux de consommation alimentaire: céréales (154,9 kg/habitant/an), lait (103,3 kg/habitant/an), fruits (100,6 kg/habitant/an), légumes (59,0 kg/habitant/an), viande (50,8 kg/habitant/an), sucre (47,8 kg/habitant/an), alcool (43,9 kg/habitant/an), racines riches (16,5 kg/habitant/an), œufs (14,3 kg/habitant/an), légumineuses (12,0 kg/habitant/an), huiles végétales (9,6 kg/habitant/an), poisson (9,3 kg/habitant/an), stimulants (2,1 kg/habitant/an), noix (1,6 kg/habitant/an), épices (0,92 kg/habitant/an).

Les années 2010

La consommation de kcal en Amérique centrale était de 2 920,0 kcal/jour par habitant dans les années 2010 à égalité avec l'Afrique australe (2 919,8 kcal/jour par habitant), la Barbade (2 912,5 kcal/jour par habitant), les Fidji (2 927,8 kcal/jour par habitant). La

Chapitre XIV. Consommation de nourriture

consommation de kcal en Amérique centrale était supérieur à celui dans le monde (2 869,3 kcal/jour par habitant), et était inférieur à celui dans les Amériques (3 219,3 kcal/jour par habitant). La consommation de kcal avait la structure suivante: céréales (43.4%), sucre (15.7%), huiles végétales (8.8%), viande (8.7%), lait (5.4%), et d'autres (18%).

La consommation de protéines en Amérique centrale était de 81,7 g/jour par habitant dans les années 2010 à égalité avec la Mauritanie (81,7 g/jour par habitant), la Bulgarie (81,5 g/jour par habitant), l'Afrique australe (81,4 g/jour par habitant). La consommation de protéines en Amérique centrale était supérieur à celui dans le monde (80,6 g/jour par habitant), et était inférieur à celui dans les Amériques (92,7 g/jour par habitant). La consommation de protéines avait la structure suivante: céréales (39.8%), viande (21.5%), lait (11.6%), légumineuses (8.4%), œufs (5.2%), et d'autres (13.5%).

La consommation de graisse en Amérique centrale était de 85,0 g/jour par habitant dans les années 2010 à égalité avec la Moldavie (85,0 g/jour par habitant), le Venezuela (85,1 g/jour par habitant), l'Asie centrale (84,7 g/jour par habitant). La consommation de graisse en Amérique centrale était supérieur à celui dans le monde (82,4 g/jour par habitant), et était inférieur à celui dans les Amériques (118,2 g/jour par habitant). La consommation de graisse avait la structure suivante: huiles végétales (34.1%), viande (23.2%), céréales (13.3%), lait (9.9%), œufs (4.3%), et d'autres (15.2%).

Voici les niveaux de consommation alimentaire: céréales (151,0 kg/habitant/an), lait (104,5 kg/habitant/an), fruits (93,4 kg/habitant/an), viande (54,1 kg/habitant/an), légumes (53,7 kg/habitant/an), sucre (48,5 kg/habitant/an), alcool (45,8 kg/habitant/an), racines riches (16,6 kg/habitant/an), œufs (15,3 kg/habitant/an), légumineuses (12,0 kg/habitant/an), huiles végétales (10,6 kg/habitant/an), poisson (9,5 kg/habitant/an), stimulants (1,6 kg/habitant/an), noix (1,2 kg/habitant/an), épices (0,89 kg/habitant/an).

Partie V. Reproduction

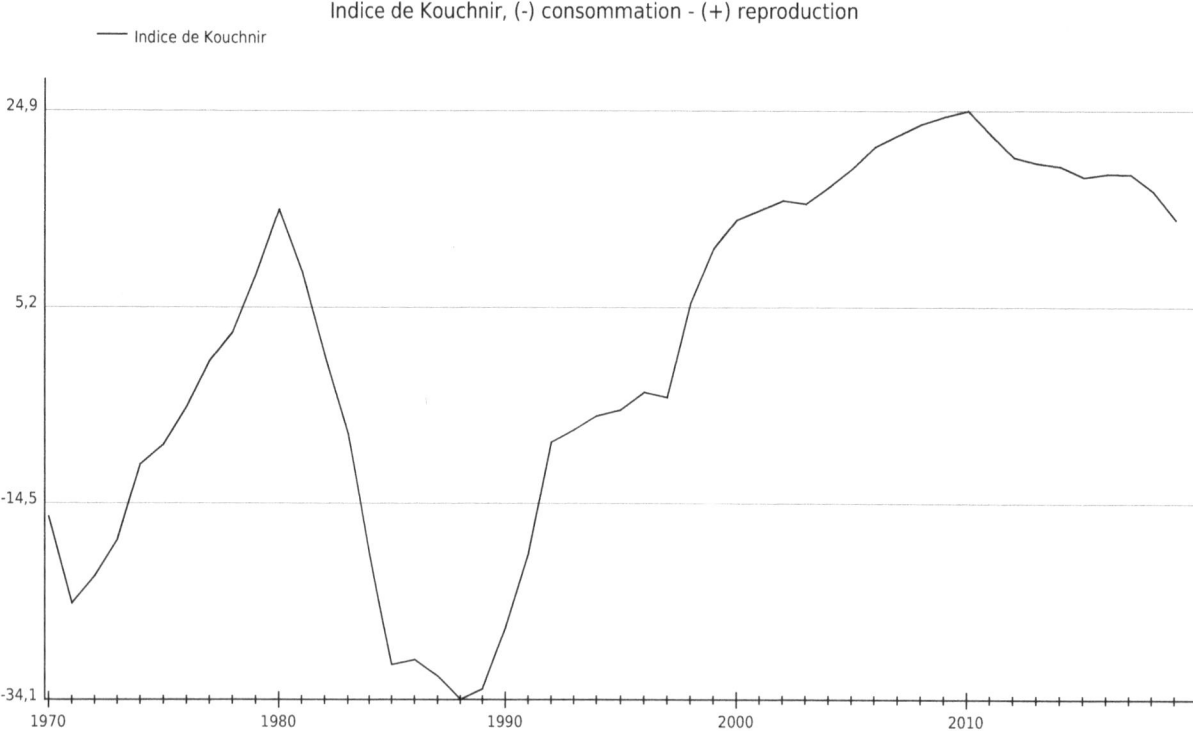

Chapitre XV. Formation de capital fixe

Formation brute de capital fixe

La formation de capital fixe de l'Amérique centrale est passé de 22,7 milliards de dollars par an dans les années 1970 à 310,3 milliards de dollars par an dans les années 2010, c'est-à-dire 287,6 milliards de dollars ou de 13,7 fois. La variation a été de 229,7 milliards de dollars en raison de l'augmentation de 3,9 fois des prix, et de 32,4 milliards de dollars en raison de la croissance du taux par habitant de 1,7 fois, et de 25,4 milliards de dollars en raison de la croissance démographique. La croissance annuelle moyenne de la formation de capital était de 3,3%. La valeur minimale était de 10,4 milliards de dollars en 1970. La valeur maximale était de 328,9 milliards de dollars en 2018.

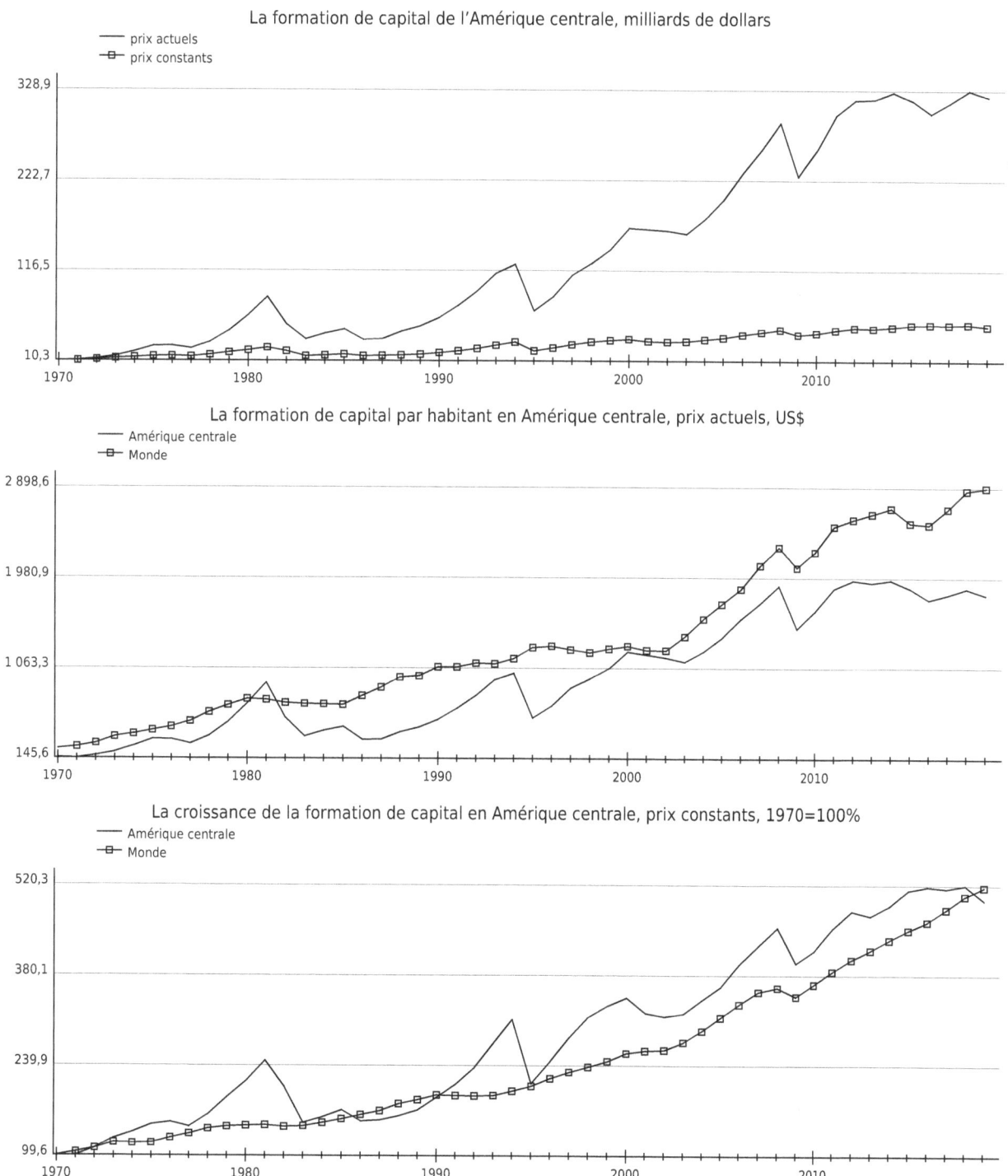

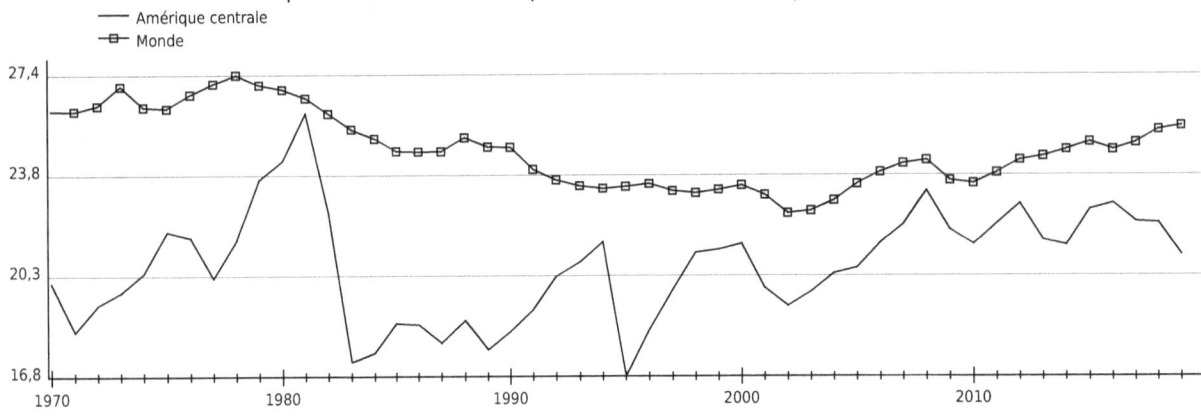

La part de la formation de capital dans le PIB de l'Amérique centrale, %

Les années 1970

La formation de capital de l'Amérique centrale était de 22,7 milliards de dollars par an dans les années 1970 à égalité avec le Brésil (22,6 milliards de dollars), les Pays-Bas (23,1 milliards de dollars). La part dans le monde était de 1,3% et de 4,4% dans les Amériques.

La part de la formation brute de capital fixe dans le PIB de l'Amérique centrale était de 21,2% dans les années 1970, à égalité avec la Mélanésie (21,3%), le Panama (21,4%), le Mexique (21,4%).

La formation de capital par habitant en Amérique centrale était de 286.9 dollars dans les années 1970, à égalité avec Malte (286,3 de dollars), l'Amérique du Sud (284,7 de dollars), l'Afrique (289,8 de dollars). La formation de capital fixe par habitant en Amérique centrale était 33,8% inférieure la formation de capital fixe par habitant au Monde (433,5 US$), et 3,2 fois inférieure la formation de capital fixe par habitant dans les Amériques (913,4 US$).

La croissance de la formation brute de capital fixe en Amérique centrale était de 7.4% dans les années 1970, à égalité avec l'Équateur (7,4%), d'Antigua-et-Barbuda (7,4%). La croissance de la formation brute de capital fixe en Amérique centrale (7,4%) a été supérieure à celle du monde (4,2%), et supérieure à celle des Amériques (5,3%).

Comparaison avec les sous-régions. La formation de capital de l'Amérique centrale était supérieure à celle des Caraïbes (7,4 milliards de dollars); mais inférieure à celle de l'Amérique septentrionale (420,6 milliards de dollars) et de l'Amérique du Sud (60,7 milliards de dollars). La formation de capital par habitant en Amérique centrale était supérieure à celle de l'Amérique du Sud (284,7 de dollars) et des Caraïbes (278,0 de dollars); mais inférieure à celle de l'Amérique septentrionale (1 744,0 de dollars). La croissance de la formation brute de capital fixe en Amérique centrale était supérieure à celle de l'Amérique septentrionale (4,5%) et des Caraïbes (2,2%); mais inférieure à celle de l'Amérique du Sud (8,3%).

Les leaders. La formation de capital de l'Amérique centrale dans les années 1970 comprenait: Mexique (89,2%), Guatemala (3,2%), Costa Rica (2,4%), Panama (1,9%), Honduras (1,4%), autres (1,9%). La part de la formation brute de capital fixe dans le PIB des leaders: Guatemala (21,7%), Mexique (21,4%), Panama (21,4%), Honduras (20,6%), Costa Rica (20,1%). La formation de capital par habitant en Amérique centrale parmi les leaders: Mexique (344,3 US$), Costa Rica (264,7 US$), Panama (251,3 US$), Guatemala (114,5 US$), Honduras (98,6 US$). La croissance de la formation de capital en Amérique centrale parmi les leaders: Costa Rica (10,6%), Guatemala (7,8%), Mexique (7,6%), Honduras (7,2%), Panama (1,5%).

Les années 1980

La formation de capital de l'Amérique centrale était de 49,5 milliards de dollars par an dans les années 1980 à égalité avec le Brésil (49,7 milliards de dollars). La part dans le monde était de 1,3% et de 4,0% dans les Amériques.

La part de la formation brute de capital fixe dans le PIB de l'Amérique centrale était de 20,2% dans les années 1980, à égalité avec Sainte-Lucie (20,2%), les Maldives (20,3%), les Bahamas (20,3%).

La formation de capital fixe par habitant en Amérique centrale était de 489.4 dollars dans les années 1980, à égalité avec la Bulgarie (490,9 de dollars), le Paraguay (500,3 de dollars). La formation de capital par habitant en Amérique centrale était 38,1% inférieure la formation de capital fixe par habitant au Monde (790,9 US$), et 3,8 fois inférieure la formation de capital fixe par habitant dans les Amériques (1 848,1 US$).

La croissance de la formation de capital en Amérique centrale était de -1.1% dans les années 1980. La croissance de la formation de

Chapitre XV. Formation de capital fixe

capital en Amérique centrale (-1,1%) a été inférieure à celle du monde (2,5%), et inférieure à celle des Amériques (1,9%).

Comparaison avec les sous-régions. La formation de capital de l'Amérique centrale était supérieure à celle des Caraïbes (14,5 milliards de dollars); mais inférieure à celle de l'Amérique septentrionale (1,0 billions de dollars) et de l'Amérique du Sud (115,8 milliards de dollars). La formation de capital fixe par habitant en Amérique centrale était supérieure à celle des Caraïbes (472,1 de dollars) et de l'Amérique du Sud (436,8 de dollars); mais inférieure à celle de l'Amérique septentrionale (3 936,1 de dollars). La croissance de la formation brute de capital fixe en Amérique centrale était supérieure à celle de l'Amérique du Sud (-2,6%); mais inférieure à celle des Caraïbes (3,5%) et de l'Amérique septentrionale (3,1%).

Les leaders. La formation de capital fixe de l'Amérique centrale dans les années 1980 comprenait: Mexique (91,0%), Guatemala (2,5%), Costa Rica (1,8%), Panama (1,6%), Honduras (1,5%), autres (1,7%). La part de la formation brute de capital fixe dans le PIB des leaders: Mexique (20,8%), Costa Rica (17,6%), Honduras (16,9%), Guatemala (16,0%), Panama (14,4%). La formation de capital fixe par habitant en Amérique centrale parmi les leaders: Mexique (600,0 US$), Panama (354,5 US$), Costa Rica (327,0 US$), Honduras (171,8 US$), Guatemala (149,3 US$). La croissance de la formation de capital en Amérique centrale parmi les leaders: Honduras (0,13%), Costa Rica (-0,30%), Mexique (-1,0%), Guatemala (-2,6%), Panama (-9,5%).

Les années 1990

La formation de capital de l'Amérique centrale était de 99,7 milliards de dollars par an dans les années 1990 à égalité avec la Russie (98,2 milliards de dollars). La part dans le monde était de 1,5% et de 4,8% dans les Amériques.

La part de la formation brute de capital fixe dans le PIB de l'Amérique centrale était de 20,0% dans les années 1990, à égalité avec le Danemark (20,0%), l'Albanie (19,9%), le Costa Rica (19,9%).

La formation de capital fixe par habitant en Amérique centrale était de 807.8 dollars dans les années 1990, à égalité avec les Tuvalu (807,3 de dollars), la Thaïlande (809,6 de dollars), la Dominique (809,7 de dollars). La formation de capital par habitant en Amérique centrale était 31,8% inférieure la formation de capital par habitant au Monde (1 183,8 US$), et 3,3 fois inférieure la formation de capital par habitant dans les Amériques (2 694,1 US$).

La croissance de la formation de capital en Amérique centrale était de 6.9% dans les années 1990, à égalité avec d'Anguilla (7,0%). La croissance de la formation brute de capital fixe en Amérique centrale (6,9%) a été supérieure à celle du monde (2,8%), et supérieure à celle des Amériques (4,4%).

Comparaison avec les sous-régions. La formation de capital de l'Amérique centrale était supérieure à celle des Caraïbes (20,8 milliards de dollars); mais inférieure à celle de l'Amérique septentrionale (1,7 billions de dollars) et de l'Amérique du Sud (230,6 milliards de dollars). La formation de capital par habitant en Amérique centrale était supérieure à celle de l'Amérique du Sud (722,0 de dollars) et des Caraïbes (593,3 de dollars); mais inférieure à celle de l'Amérique septentrionale (5 883,4 de dollars). La croissance de la formation de capital en Amérique centrale était supérieure à celle de l'Amérique septentrionale (4,5%), des Caraïbes (2,9%) et de l'Amérique du Sud (2,9%).

Les leaders. La formation de capital de l'Amérique centrale dans les années 1990 comprenait: Mexique (90,4%), Guatemala (2,3%), Costa Rica (2,1%), Panama (1,6%), Salvador (1,4%), autres (2,1%). La part de la formation de capital dans le PIB des leaders: Mexique (20,0%), Costa Rica (19,9%), Guatemala (19,0%), Panama (18,2%), Salvador (17,0%). La formation de capital par habitant en Amérique centrale parmi les leaders: Mexique (992,4 US$), Costa Rica (605,0 US$), Panama (600,5 US$), Salvador (247,7 US$), Guatemala (222,9 US$). La croissance de la formation brute de capital fixe en Amérique centrale parmi les leaders: Panama (23,5%), Costa Rica (8,4%), Guatemala (7,4%), Mexique (6,6%), Salvador (5,7%).

Les années 2000

La formation de capital de l'Amérique centrale était de 203,9 milliards de dollars par an dans les années 2000. La part dans le monde était de 1,9% et de 5,7% dans les Amériques.

La part de la formation de capital dans le PIB de l'Amérique centrale était de 21,2% dans les années 2000, à égalité avec l'Arabie saoudite (21,2%), l'Italie (21,2%), le Mexique (21,2%).

La formation de capital fixe par habitant en Amérique centrale était de 1405.9 dollars dans les années 2000, à égalité avec la Roumanie (1 392,3 de dollars). La formation de capital fixe par habitant en Amérique centrale était 16,8% inférieure la formation de capital fixe par habitant au Monde (1 690,7 US$), et 2,9 fois inférieure la formation de capital par habitant dans les Amériques (4 079,3

US$).

La croissance de la formation brute de capital fixe en Amérique centrale était de 1.8% dans les années 2000, à égalité avec les Bahamas (1,8%), la Bolivie (1,8%). La croissance de la formation de capital en Amérique centrale (1,8%) a été inférieure à celle du monde (3,5%), et supérieure à celle des Amériques (1,3%).

Comparaison avec les sous-régions. La formation de capital de l'Amérique centrale était supérieure à celle des Caraïbes (38,2 milliards de dollars); mais inférieure à celle de l'Amérique septentrionale (3,0 billions de dollars) et de l'Amérique du Sud (344,0 milliards de dollars). La formation de capital par habitant en Amérique centrale était supérieure à celle des Caraïbes (988,7 de dollars) et de l'Amérique du Sud (932,4 de dollars); mais inférieure à celle de l'Amérique septentrionale (9 194,6 de dollars). La croissance de la formation brute de capital fixe en Amérique centrale était supérieure à celle des Caraïbes (1,2%) et de l'Amérique septentrionale (0,66%); mais inférieure à celle de l'Amérique du Sud (4,7%).

Les leaders. La formation de capital fixe de l'Amérique centrale dans les années 2000 comprenait: Mexique (90,0%), Guatemala (2,5%), Costa Rica (2,2%), Panama (1,9%), Honduras (1,3%), autres (2,1%). La part de la formation brute de capital fixe dans le PIB des leaders: Honduras (26,6%), Panama (22,3%), Mexique (21,2%), Costa Rica (21,0%), Guatemala (19,4%). La formation de capital fixe par habitant en Amérique centrale parmi les leaders: Mexique (1 740,4 US$), Panama (1 149,1 US$), Costa Rica (1 056,7 US$), Guatemala (399,4 US$), Honduras (365,5 US$). La croissance de la formation de capital en Amérique centrale parmi les leaders: Panama (6,2%), Costa Rica (3,5%), Mexique (1,8%), Honduras (0,38%), Guatemala (0,067%).

Les années 2010

La formation de capital fixe de l'Amérique centrale était de 310,3 milliards de dollars par an dans les années 2010. La part dans le monde était de 1,6% et de 6,0% dans les Amériques.

La part de la formation brute de capital fixe dans le PIB de l'Amérique centrale était de 22,0% dans les années 2010, à égalité avec les Îles Marshall (22,0%), le Mexique (21,9%), la Hongrie (22,1%).

La formation de capital par habitant en Amérique centrale était de 1849.9 dollars dans les années 2010, à égalité avec la Grenade (1 830,2 de dollars). La formation de capital par habitant en Amérique centrale était 29,4% inférieure la formation de capital fixe par habitant au Monde (2 621,1 US$), et 2,9 fois inférieure la formation de capital fixe par habitant dans les Amériques (5 284,2 US$).

La croissance de la formation brute de capital fixe en Amérique centrale était de 2.2% dans les années 2010, à égalité avec la Tchéquie (2,2%). La croissance de la formation de capital en Amérique centrale (2,2%) a été inférieure à celle du monde (4,1%), et inférieure à celle des Amériques (2,9%).

Comparaison avec les sous-régions. La formation de capital fixe de l'Amérique centrale était 5,9 fois supérieure à celle des Caraïbes (52,7 milliards de dollars); mais 12,9 fois inférieure à celle de l'Amérique septentrionale (4,0 billions de dollars) et 2,5 fois inférieure à celle de l'Amérique du Sud (785,4 milliards de dollars). La formation de capital par habitant en Amérique centrale était 45,5% supérieure à celle des Caraïbes (1 271,2 de dollars); mais 6,1 fois inférieure à celle de l'Amérique septentrionale (11 257,7 de dollars) et 3,4% inférieure à celle de l'Amérique du Sud (1 915,9 de dollars). La croissance de la formation de capital en Amérique centrale était supérieure à celle de l'Amérique du Sud (-1,1%); mais inférieure à celle des Caraïbes (4,3%) et de l'Amérique septentrionale (3,7%).

Les leaders. La formation de capital fixe de l'Amérique centrale dans les années 2010 comprenait: Mexique (84,2%), Panama (6,1%), Costa Rica (3,1%), Guatemala (2,8%), Honduras (1,5%), autres (2,3%). La part de la formation de capital dans le PIB des leaders: Panama (37,6%), Honduras (23,2%), Mexique (21,9%), Costa Rica (18,5%), Guatemala (14,6%). La formation de capital par habitant en Amérique centrale parmi les leaders: Panama (4 826,3 US$), Mexique (2 158,2 US$), Costa Rica (1 994,2 US$), Guatemala (541,7 US$), Honduras (527,2 US$). La croissance de la formation brute de capital fixe en Amérique centrale parmi les leaders: Panama (9,6%), Honduras (3,4%), Guatemala (2,7%), Costa Rica (2,1%), Mexique (1,7%).

www.ingramcontent.com/pod-product-compliance
Lightning Source LLC
Chambersburg PA
CBHW080523220526
45465CB00006B/2580